HISTOIRE

DES BENI ZEIYAN

ROIS DE TLEMCEN.

HISTOIRE

DES

BENI ZEIYAN

ROIS DE TLEMCEN,

PAR L'IMAM

CIDI ABOU-ABD' ALLAH-MOHAMMED

IBN-ABD' EL-DJELYL ET-TENESSY,

Ouvrage traduit de l'arabe

Par l'Abbé J.-J.-L. BARGÈS,

CHANOINE HONORAIRE DE L'ÉGLISE DE PARIS,

Professeur d'hébreu à la Sorbonne, Membre de l'Académie de Marseille,
du conseil de la Société Asiatique, etc.

PARIS

BENJAMIN DUPRAT, LIBRAIRE

DE L'INSTITUT, DE LA BIBLIOTHÈQUE NATIONALE,

Des Sociétés Asiatiques de Paris, de Londres et de Calcutta,

7, RUE DU CLOÎTRE-SAINT-BENOÎT.

M DCCC LII

Versailles. — Imp. de BEAU jeune, rue Satory, 28.

A LA MÉMOIRE

DE FEU LE SCHÉRIF ET-ALFAKIH

CY-HAMMAD ES-SEKKAL,

FILS DE

L'ALFAKIH CY BEN-AOUDAH, FILS DE CY-EL-
HADJJ-EL-GHRARBY,

CAID DE TLEMCEN,

MON HONORABLE AMI ET GÉNÉREUX HÔTE.

L'abbé J.-J.-L. BARGÈS.

PRÉFACE DU TRADUCTEUR.

L'histoire dont nous offrons au public la traduction est extraite d'un ouvrage intitulé : نظم الدرّ والعقيان في بيان شرف بني زيان *Collier de perles et d'or natif*, ou *Exposition de la noblesse des Beni Zeiyan*. Le nom de l'auteur ne nous est connu que par le titre de l'ouvrage lui-même et par quelques citations d'Al-Makkary dans sa biographie du célèbre visir Liçan ed-Dyn Ibn-el Khatyb. Dans le titre il est appelé Abou-Abd'Allah Mohammed Ibn-Abd'el-Djelyl et-Tenessy ابو عبد الله محمد بن عبد الجليل التنسي, et dans Al-

Makkary (Mss. de la bibliothèque nationale, ancien fonds, n° 703, fol. 37, r°), ses noms sont : *Abou-Abd'Allah et-Tenessy thomma et-Tilimcêny* ابو عبد الله التنسي ثم التلمساني c'est-à-dire *natif de Tenez et ensuite habitant de Tlemcen*. Tenez était donc le lieu qui lui avait donné le jour, et Tlemcen sa seconde patrie. M. Tornberg qui, dans son édition de l'Histoire des rois du Maghreb par Abou-Zerâa, cite un long passage de notre auteur (*Notes* page 435), se trompe, comme nous l'avons déjà fait remarquer ailleurs (*Journal Asiatique*, cahier d'octobre 1849, page 329), quand il le nomme *Tunesanus* ou *Tunisien*, page 363 et *passim* dans ses notes.

Abou-Abd'Allah Mohammed porte aussi dans les manuscrits arabes les qualifications de *Hâfidh* الحافظ et d'*Imam* الامام. La première indique qu'il savait par cœur le Koran et quelque recueil de traditions musulmanes ; par la seconde, nous apprenons qu'il était préposé au service d'une mosquée et qu'il y remplissait les fonctions de théologien et de pasteur. Il paraît, par un passage d'Al-Makkary, dans sa biographie du visir de Grenade (fol. 37 r°), qu'il donnait publiquement des leçons de littérature et de théologie, car cet auteur le nomme le *Cheikh des Cheikh de nos Cheikh* شيخ شيوخ شيوخنا c'est-à-dire le maître des maîtres de nos maîtres ; peut-être avait-il été chargé de l'enseignement dans l'un des cinq grands colléges fondés par les rois de Tlemcen. On sait, du reste, que c'était l'usage des savants musulmans d'ouvrir des cours d'enseignement et de transmettre par cette voie les lumières qu'ils avaient puisées auprès des autres, ou qui étaient le résultat de leurs propres méditations.

Nous ignorons le jour et l'année de sa naissance ; l'époque de sa mort ne nous est pas connue davantage ; rien, dans ses écrits, ne nous révèle les particularités de sa vie; c'est en vain que nous avons consulté sur ce point les biographes et les bibliographes arabes, tels qu'Al-Makkary, Hadjjy Khalyfah, Ibn-Khalicân et autres auteurs qui ont été à notre disposition : tout ce que nous savons, c'est qu'Abou-Abd'Allah Mohammed et-Tenessy florissait à Tlemcen sous le règne du sultan Abou-Abd' Allah Mohammed Al-Motaweckel, dans la dernière moitié du ixe siècle de l'hégire, car ce fut à ce prince qu'il dédia son histoire, et il écrivait à une époque postérieure à l'année 868, comme cela résulte de la lecture de son ouvrage.

Mohammed et-Tenessy a divisé son livre en cinq parties. Dans la première, il expose la noble origine des Beni Zeiyan et fait connaître l'histoire de cette dynastie jusqu'au règne d'Al-Motaweckel. Elle contient sept chapitres.

La deuxième traite de la politique et des qualités qui font un bon roi. Elle se compose de trois chapitres.

La troisième est un recueil d'anecdotes piquantes et de traits d'esprit empruntés à diverses nations. Elle est partagée en seize chapitres.

La quatrième présente un choix de morceaux en prose et en vers, remarquables sous le rapport du style et des pensées. Elle renferme huit chapitres.

La cinquième enfin se compose de discours moraux et de sentences utiles pour la conduite de la vie, empruntées à diverses nations. Elle contient quatre chapitres.

Les sept chapitres de la première partie traitent : le premier, de l'origine pure du sultan Al-Motaweckel ; le second, de la noblesse de la nation arabe et, en particulier, de celle des Modharides ou descendants de Modhar ; le troisième, de la noblesse des Koréischides et, en particulier, de celle des Beni Abd'el-Menaf ; le quatrième, de la noblesse des Beni Haschem et, en particulier, de celle des Tayides ou descendants de Tay ; le cinquième, de la noblesse du khalife Aly, de celle de ses enfants et, en particulier, de celle de Hassan et de Hosseyn ; le sixième, de la noblesse d'Abd'Allah Al-Kâmel, de celle de ses enfants et, en particulier, des Edryssites ; le septième enfin traite de la noblesse des Beni Zeiyan et offre l'histoire de leur règne jusqu'à l'époque du sultan Al-Motaweckel, comme nous venons de dire. Or c'est de ce dernier chapitre que nous avons essayé de donner la traduction. Comme on voit, c'est une portion bien minime de l'ouvrage entier, qui comprend trente-huit longs chapitres; mais, à considérer la nature du sujet qu'il traite, celui-ci est, sans contredit, le plus important pour nous, et mérite d'être traduit dans notre langue. En effet, Mohammed et-Tenessy trace dans cette partie de son ouvrage, des événements dont la plupart sont restés jusqu'ici ignorés des savants de l'Europe. Les auteurs arabes qui ont écrit sur l'histoire de l'Afrique, et particulièrement sur le Maghreb-Moyen, ou ne sont pas encore traduits, ou ils ne traitent pas de ce qu'il nous intéresse de savoir; ou bien, s'ils en parlent, c'est d'une manière accessoire, incomplète, souvent partiale et fausse; ce jugement, nous l'appliquons surtout à une compilation historique dont un savant orientaliste hollandais n'a pas dédaigné de publier la traduction dans le *Journal Asiatique* (Cahier de mai 1834, page 378 et suiv.), compilation qui fourmille d'erreurs de date et n'offre guère qu'un tissu de rapsodies et de contes faits pour amuser les enfants. Les *Annales regum Mauritaniæ* d'Abou'l-Hassan Aly Ibn-Abd'Allah Ibn-Ab-Zerâa (Upsal, 1843), qui renferment des détails précieux sur les premiers rois de la dynastie des Beni Zeiyan, ne s'étendent que jusqu'à l'année 726 de l'hégire. L'*Histoire de l'Afrique* de Mohammed ben-Abi'l-Raïni el-Kaïrouani (Paris, Imprimerie royale, 1845), ouvrage traduit d'après l'ordre du gouvernement français qui, par cette publication, espérait jeter quelque lumière sur le passé de nos possessions africaines, traite seulement des diverses dynasties musulmanes qui ont régné sur l'Ifrikiah et ne mentionne que trois ou quatre faits se rapportant au royaume de Tlemcen : il est vrai qu'on y trouve des renseignements utiles sur les villes de Bougie et de Constantine qui, à l'époque où vivait l'auteur original, et, pendant longtemps, ont fait partie, avec leurs dépendances, du royaume de Tunis. On ne rencontre chez nous qu'un seul auteur qui ait donné une histoire suivie des rois de Tlemcen : c'est Cardonne dans son ouvrage intitulé : *Histoire de l'Afrique et de l'Espagne sous la domination des Arabes* (Paris, 1755, 3 volumes in-12); mais son travail ne présente guère d'autre intérêt que celui d'un tableau chronologique parsemé de quelques faits un peu saillants, et on ne peut pas se fier à cet exposé succint, car il est souvent infidèle et, en le comparant avec les sources où l'auteur puise ses renseignements, l'on s'aperçoit plus d'une fois qu'il n'a pas compris les textes arabes dont il il s'est servi. — Nous ne connaissons que cinq ouvrages arabes qui traitent *ex professo* de la dynastie des Beni Zeiyan : 1° celui dont M. Reinhard Dozy a publié la traduction dans le *Journal Asiatique* (Cahier de mai, 1844), et auquel nous avons voulu faire allusion ci-dessus. Il est intitulé : ذكر الدولة الزيانية العبد الوادية بتلمسان *Histoire du règne des Beni Zeiyan les Abd'el-Wâdites à Tlemcen*. Il a pour auteur Abou-Mohammed Abd'Allah Ibn-al-Ahmar de la famille des Beni'l-Ahmar, rois de Grenade, qui florissait à Fez, à la cour des sultans mérinites, dans la première moitié du ixe siècle de l'hégire. Nous avons déjà dit ce qu'il fallait penser du mérite et de la valeur historique de cette compilation : le peu de faits qu'il renferme sont, ou exposés d'une manière manifestement partiale et injuste, ou inventés pour jeter le ridicule et le mépris sur une dynastie rivale et importune, celle des Beni Zeiyan. 2° Un autre que possédait Dombay et que, dans la préface de sa traduction de l'Histoire des rois de la Mauritanie, celui-ci attribue à un certain Mohammed Abd'ul-Djâly. Il le désigne sous le titre de : *Geschichte der Könige Beni Zeiyan* (Voy. *Geschichte der Mauritanischen Könige*, Agram 1794, page LXIII de la préface, n° 20 du catalogue) : c'est le seul indice que nous ayons de l'existence de cet ouvrage. 3° Une histoire de la dynastie des Beni-Abd'el-Wâdy, qui porte le titre de : بجعة الرواد في ذكر الملوك من بني عبد الواد *Pâturage de ceux qui sont à la recherche de l'histoire des rois de la dynastie des Beni Abd'el-Wâdy*, ou celui-ci بغية الرواد في اخبار الملوك من بني عبد الواد *Objet désiré par ceux qui sont à la recherche de l'histoire des rois de la dynastie des Beni Abd'el-Wâdy*. Il reconnaît pour auteur Abou-Zakaria Yahia Ibn-Khaldoun, frère cadet du célèbre historien Abd'er-Rahman Ibn-Khaldoun.

Il paraît que Dombay possédait un exemplaire de cet ouvrage, car dans sa traduction de l'*Histoire des rois de la Mauritanie*, il fait mention d'un manuscrit dont il transcrit le titre de la manière suivante : *Nudschaat Errewad fi dikri Muluki Beni Abd'il-Wad;* puis il ajoute : *Geschichte der Könige aus dem Stammen Beni Abd'Ilwad in Tlemcen regierten,* c'est-à-dire *Histoire des rois de la race des Beni Abd' Ilwad qui ont régné à Tlemcen* (Voyez l'ouvrage précité, page LXVI de la préface). Comme le traducteur allemand ne cite pas le nom de l'auteur, il est probable qu'il ne se trouvait pas à la suite du titre, ni même dans le corps de l'ouvrage et que, par conséquent, il n'était pas connu de lui. Quoi qu'il en soit, aujourd'hui il n'existe plus de doute sur ce point (Voyez *Journal Asiatique*, cahier de novembre 1841, page 487). Cet ouvrage, dont nous possédons nous-même un fort bel exemplaire, traite de l'origine des Beni Abd'el-Wâdy, des circonstances qui les portèrent sur le trône, et contient le récit détaillé des événements qui se passèrent dans le royaume de Tlemcen depuis le commencement du règne d'Yaghrmorâcen, premier sultan de cette dynastie, jusqu'à l'année 777 de l'hégire. 4° La troisième partie du grand ouvrage historique d'Abd'er-Rahman Ibn-Khaldoun, intitulé : كتاب العبر وديوان المبتدا والخبر في أيّام العرب والعجم والبربر, *Traité des exemples instructifs et recueil du sujet et de l'attribut, concernant les journées des Arabes, des Persans et des Berbers.* Cette partie renferme l'histoire des Berbers et des dynasties musulmanes de l'Afrique septentrionale, et contient les renseignements les plus étendus sur les Beni Abd'el-Wâdy, ainsi que sur le royaume de Tlemcen, depuis sa fondation jusqu'à la fin du VIII° siècle de l'hégire. 5° Enfin, l'ouvrage lui-même de l'auteur que nous avons traduit et dont Dombay possédait un exemplaire, car dans sa traduction de l'Histoire de la Mauritanie par Ibn-Abi-Zerâa (*Geschichte der Mauritanischen Könige*, Agram, 1794, p. 63), il cite parmi les Mss. de sa collection, un livre intitulé : *Eddurr wel Okian fi Muluki Beni Ziian*, qui est incontestablement le même que le *Nadhm eddurr wel Okian fi bayan scharaf Beni Zeiyan.*

De ces cinq ouvrages, le premier, celui d'Abd' Allah Ibn-al-Ahmar, bien que traduit, ne saurait, comme nous avons dit, être d'une grande utilité; cependant il ne faut pas moins savoir gré à l'orientaliste qui a pris la peine de le faire passer dans notre langue, car si l'ouvrage en question contient un grand nombre d'anecdotes ridicules et de faits évidemment inventés, il en offre pourtant quelques-uns qui ont l'apparence de la vérité et sont conformes au récit des autres historiens, que par cela même ils confirment. Le second, celui de Mohammed Abd' el-Djâly, ne nous est connu que de nom, et il ne paraît pas qu'il ait jamais été traduit dans une langue européenne; on ignore dans quelles mains il a passé après la mort de son possesseur. Quant à l'histoire des Beni Abd' el-Wâdy d'Abou-Zakaria Ibn-Khaldoun, elle passe rapidement sur les premiers règnes de cette dynastie, pour arriver à celui du célèbre sultan Abou-Hammou Moucé II. Yahia Ibn-Khaldoun, qui florissait à la cour de ce prince, ami des lettres et protecteur des savants, décrit avec un soin minutieux tous les événements qui signalèrent ce règne et nous fait connaître un grand nombre de poèmes qui furent composés par ses contemporains, et dont plusieurs sont dus à la plume du roi de Tlemcen lui-même. Malheureusement, l'auteur ne vit pas la fin du règne qu'il avait entrepris de nous tracer, car il fut assassiné, étant encore jeune, par les ordres du prince Abou-Teschifeyn, fils du roi Abou-Hammou Moucé II, l'an 780 de l'hégire (Voyez *Journal Asiatique*, cahier de mai 1843, page 462, et *Histoire des Berbers*, par Abd'er-Rahman Ibn-Khaldoun, tome II, page 207 du texte arabe). Cet ouvrage, dont le contenu peut servir de contrôle au récit des autres historiens de la dynastie des Beni Abd' el-Wâdy, est encore inédit, mais il est depuis longues années l'objet de nos études, et, si Dieu nous prête vie, nous nous proposons d'en donner un jour la traduction, qui est déjà faite en grande partie. Le gouvernement français avait chargé un orientaliste très-habile, M. Mac-Guckin de Slane, de publier la partie de l'ouvrage d'Abd'er-Rahman Ibn-Khaldoun qui traite de l'histoire des Berbers et des dynasties musulmanes qui ont régné autrefois sur l'Afrique septentrionale. Ce savant vient enfin de s'acquitter d'une partie de sa tâche, car il a édité le texte arabe dans deux volumes in-4°, et l'on nous annonce que la traduction qu'il en a faite est aujourd'hui sous presse (Voyez *Journal Asiatique,* cahier d'août 1851, page 134). Le premier volume du texte (Alger, Imprimerie du gouvernement, 1847, 660 pages) renferme des renseignements sur les tribus arabes établies en Afrique, et sur les peuplades berbères occupant le territoire qui s'étend depuis les bords de la Méditerranée jusqu'au pays des Noirs. Elle traite aussi de plusieurs empires que les musulmans fondèrent en Afrique, tels que ceux des Fatimites, des Zeyrides, des Almoravides, des Almohades et des Hafsides, ainsi que d'un certain nombre de petites principautés qui s'établirent dans divers lieux. Le second tome contient l'histoire des dynasties sorties de la grande tribu berbère des Zénêtah ou Jénêtah, dont les principales sont celle des Beni Abd'el-Wâdy, qui ont régné à Tlemcen, et celle des Beni Meryn ou Mérinites, qui ont occupé le trône de Fez et du Maroc. Comme, en écrivant cette partie de son ouvrage, le dessein d'Abd'er-Rahman Ibn-Khaldoun n'a pas été, à proprement parler, d'écrire l'histoire particulière des Beni Abd' el-Wâdy, et qu'il n'a traité de cette dynastie qu'autant que cela entrait dans le plan général qu'il s'était tracé, il ne s'est pas astreint dans son récit à une marche continue et régulière ; et, bien qu'en général il s'étende beaucoup sur les événements qu'il raconte, il interrompt quelquefois le fil de la narration, pour transporter l'attention du lecteur sur des personnages ou des faits qui ont peu ou qui n'ont point de rapport avec le sujet présent ; il omet ici des détails qu'il rapporte plus loin dans l'histoire d'une autre dynastie ou qu'il a déjà exposés ailleurs, de telle sorte que, pour savoir à fond l'histoire des rois de Tlemcen, il faut lire non-seulement la partie de son ouvrage qui traite des Beni Abd' el-Wâdy, mais aussi l'histoire des autres dynasties qui ont eu des relations avec eux, c'est-à-dire parcourir l'histoire entière des Berbers et des Arabes établis dans le nord de l'Afrique. Le récit de Mohammed et-Tenessy, quoique moins circonstancié et moins prolixe, est plus intéressant, sinon plus savant, que celui d'Abd'er-Rahman Ibn-Khaldoun, parce que, rapide et dégagé, il ne présente que les traits les plus saillants du règne des Beni Abd' el-Wâdy. Nous ajouterons à cela que, si l'un offre au lecteur un plus grand nombre de faits historiques, l'autre nous fournit sur l'état des sciences et des lettres, sous le règne des sultans de Tlemcen, des renseignements précieux que l'on chercherait en vain dans le premier ; que si l'on doit reconnaître à celui-là plus de critique et de jugement, celui-ci a fait preuve de plus de goût dans le choix de son style et dans les citations poétiques dont il a orné son travail, et que si le premier montre plus de philosophie, le second possède plus de littérature. La publication de l'ouvrage d'Abd'er-Rahman Ibn-Khaldoun avait été rendue nécessaire par la conquête de l'Algérie ; sans elle, le passé historique de nos possessions africaines fût resté en grande partie voilé pour la science : le gouvernement français a donc fait preuve d'intelligence et de bon vouloir en ordonnant l'impression et la traduction de l'historien philosophe. Le livre de Mohammed et-Tenessy, quoique moins important, aura aussi son intérêt et son utilité ; l'on pourra s'en servir pour contrôler les récits de l'autre ; il en sera, en quelque sorte, l'abrégé et le complément tout à la fois. En effet, nous venons de voir que l'histoire d'Abd'er-Rahman Ibn-Khaldoun s'arrête vers la fin du viiie siècle de l'hégire, tandis que celle de Mohammed et-Tenessy s'étend jusqu'au milieu du ixe. On reproche généralement au style de celui-là d'être d'une grande inégalité et presque sans couleur ; suivant nous, son défaut le plus grave, c'est l'obscurité qui naît tantôt de la longueur des périodes, tantôt de la tournure embarrassée des phrases et tantôt de l'archaïsme que l'auleur semble affecter. Il est rare, en effet, qu'il fasse usage des expressions communément comprises et employées par le vulgaire des historiens arabes ; pour dire les choses les plus simples et énoncer les faits les plus communs, le langage ordinaire ne lui suffit pas ; il faut qu'il aille frapper à la porte de ses souvenirs, qu'il passe en revue les auteurs les plus anciens et surtout les plus obscurs, et s'il parvient à découvrir chez eux un terme rare ou suranné, une tournure singulière et difficile qui convienne à sa pensée, il la recueille avec bonheur et, triomphant, la transporte dans son récit. L'auteur que nous avons traduit est loin d'avoir de pareilles prétentions et de mériter un pareil reproche ; son style, sans présenter rien de banal, est simple, clair et concis ; il réunit les qualités essentielles au genre historique ; s'il manque quelquefois d'élégance et d'élévation, il est juste de dire qu'il est toujours agréable et coulant. Ce que nous avançons ici ne doit pourtant pas s'appliquer à la préface de son livre ni au portrait des princes qu'il place au commen-

cement de chaque règne, et que les grammairiens orientaux appellent *sifah* صِفَة ou description des qualités morales et physiques d'une personne. Chez les Arabes, il est d'usage que les préfaces des livres et cette sorte de tableaux ou portraits soient écrits dans le style rimé nommé *schedjaa* سجع et dans un langage dont l'emphase et l'exagération jettent quelquefois le lecteur européen dans la stupéfaction. Comme échantillon de ce style, nous citerons l'endroit de la préface où notre historien expose les raisons qui l'ont déterminé à dédier son ouvrage au sultan régnant de Tlemcen. Ce morceau fera connaître en même temps la position de Mohammed et-Tenessy à la cour des Beni Zeiyan et les liens qui l'attachaient à la fortune de cette dynastie. « Après avoir
» offert à Dieu Très-Haut nos louanges, dit
» notre historien, à l'imitation de celles qui
» commencent son livre sacré, et de celles
» par lesquelles se terminent les banquets
» de ses élus dans le séjour éternel de la
» récompense; après avoir appelé ses fa-
» veurs et ses bénédictions sur la meilleure

» de ses créatures, sur l'élite des compa-
» gnons de son prophète et de sa postérité,
» ce que nous pouvons faire de mieux, c'est
» d'offrir nos hommages à Celui en qui Dieu
» le Très-Haut a réuni la majesté de l'auto-
» rité royale et l'étendue du savoir, la lu-
» mière de la sagesse et l'exercice du pou-
» voir souverain ; à Celui qu'il a élevé
» au-dessus des monarques de l'époque, et
» qu'il a mis à la tête des hommes revêtus
» de l'autorité ; à Celui à qui il a daigné ac-
» corder, sous le rapport de la naissance et
» de la noblesse, des avantages si précieux,
» des prérogatives si nombreuses, si di-
» gnes de notre gratitude et de nos louan-
» ges, que les moindres de ces prérogatives
» sont au-dessus de toute expression et que
» l'on ne saurait même en indiquer la plus
» faible portion ; à Celui qu'il a orné de
» qualités si brillantes, que la langue des
» plumes en conservera éternellement la
» mémoire dans les livres, et que les jours
» et les nuits ne cesseront de les publier
» parmi les hommes ; à Celui qui tire sa
» noblesse de ses ascendants, tant paternels

» que maternels, et dont la naissance est il-
» lustre des deux côtés ; à Celui qui est issu
» des souches les plus nobles du monde, et
» des parents les plus honorables qui soient ;
» qui a hérité de la gloire de ses aïeux par
» une succession non interrompue ; à Celui
» qui reçoit des hommages de la part des
» grands, comme de la part des petits ; qui
» joint à la grandeur de la naissance le pri-
» vilége d'une éducation très-soignée, à la
» noblesse héréditaire un honneur sans ta-
» che, à la gloire qui lui vient de son ori-
» gine et d'une longue suite d'illustres aïeux
» l'élévation de l'âme et la générosité du ca-
» ractère ; au prince noble de race, posses-
» seur d'une gloire solide, issu d'une sou-
» che profondément enracinée et d'une des
» branches les plus élevées, notre seigneur
» Abou-Abd' Allah Mohammed, fils de no-
» tre seigneur Abou-Thâbit, fils de notre
» seigneur Abou-Teschifeyn, fils de notre
» seigneur Abou-Hammou, fils de nos sei-
» gneurs les khalifes orthodoxes et légi-
» times. Dieu le Très-Haut a fait se lever la
» félicité de notre sultan à l'horizon de la

» gloire et n'a jamais cessé de diriger l'as-
» cension de cet astre brillant dans les de-
» grés de la puissance, en sorte qu'il est de-
» venu un monarque sur le mérite et l'excel-
» lence duquel les nœuds se sont trouvés en
» conjonction, et que dans sa révolution
» dans la sphère du bonheur, il a atteint le
» plus haut degré d'élévation.

VERS.

» *C'est un prince vraiment libéral :*
» *quelle que soit la faveur que tu solli-*
» *cites, tu l'obtiendras de sa générosité, et,*
» *par sa protection, tu détourneras de ta*
» *tête le malheur.*

» *Et pourquoi en serait-il autrement?*
» *son origine ne remonte-t-elle pas à la*
» *souche prophétique, et suivant des tra-*
» *ditions authentiques, n'est-il pas le*
» *noble rejeton d'Aly et de la blanche*
» *Fatimah?* »

» La maison à laquelle il appartient est
» la plus solide des maisons par le nombre
» de ses appuis. Les membres de son il-
» lustre famille arrivent au faîte de la gloire
» à l'âge où l'on ôte les amulettes aux au-

» tres enfants ; ils viennent au monde parés
» de deux splendides colliers, puisqu'ils
» descendent de la lignée des deux nobles
» petits-fils d'Aly (Zeyd et-Hassan). Parlez-
» vous de noblesse ? ils sont les rejetons
» de la souche même de la noblesse ; par-
» lez-vous de science ? ce sont eux qui tis-
» sent l'étoffe du manteau dont elle se
» couvre ; de culture d'esprit ? ils résident
» dans une cité où elle prospère et où elle
» fleurit ; de générosité et de grandeur
» d'âme ? ils en sont la personnification ;
» de guerre et de batailles ? ce sont eux
» qui, dans les combats, attaquent les es-
» cadrons ennemis les plus redoutables ;
» de sagesse et de conseil ? ce sont eux
» dont l'avis l'emporte toujours sur celui
» des autres. Une maison comme celle qui
» a donné le jour à notre bien-aimé sul-
» tan, maison que Dieu lui-même a pris
» soin d'édifier, dont l'apôtre a aplani la
» cour et dressé les piliers, dont Gabriel
» a été nommé l'administrateur et l'inten-
» dant, une telle maison a droit, assuré-
» ment, à ce que les langues la préconi-

» sent, jusqu'à ce qu'elles soient arrêtées
» par la fatigue ; elle a droit à ce que les
» éloges les plus longs qu'on lui donne,
» paraissent toujours courts et insuffi-
» sants.

» Or, comme je suis du nombre de ceux
» que le prince a daigné combler de ses
» bienfaits, sur qui il a fait pleuvoir ses
» grâces sans interruption; de plus, comme
» il m'a élevé au plus haut degré de sa fa-
» veur et qu'il m'a mené à l'abreuvoir de
» sa bienveillance dont j'ai savouré les dou-
» ceurs, j'ai voulu lui offrir, dans la me-
» sure de mes forces, une preuve de ma
» gratitude et un témoignage de mon dé-
» vouement. En conséquence, j'ai fait choix,
» parmi mes marchandises littéraires, de
» ce qui m'a paru présenter le plus de
» chance de débit. Dans le dessein de lui
» être agréable, j'ai mis à contribution
» mon esprit et ma langue; pour consulter
» les documents historiques et composer
» cet ouvrage qui intéresse sa personne
» royale, je n'ai épargné ni mes yeux, ni
» le bout de mes doigts, apportant à ce

» travail tout le zèle et toute l'application
» dont je suis capable; heureux si je par-
» viens à remplir une partie seulement de
» ce qu'on est en droit d'exiger de moi;
» car, quand même j'emprunterais à la
» Renommée sa langue infatigable, quand
» même j'aurais pour organe la voix du
» vent et de la tempête, afin de publier,
» suivant qu'ils le méritent, les nombreux
» et immenses bienfaits dont je suis rede-
» vable à notre seigneur le sultan, il me
» serait encore impossible d'atteindre le
» dixième de leur dixième partie.

» En conséquence, j'ai formé le dessein de
» lui dédier un ouvrage littéraire, et digne
» des rois, qui fera connaître l'origine de
» notre seigneur le sultan (puisse le Très-
» Haut éterniser l'empire dans les mains
» de ce prince et dans celles de sa posté-
» rité!), un ouvrage qui traitera de ses vé-
» nérables aïeux, de leur gloire et de leur
» grandeur, etc. »

C'est ici le cas de dire un mot sur les rois de Tlemcen. Suivant notre auteur, les Beni Abd' el-Wâdy descendraient du khalife Aly par l'un de ses arrière-petits-fils, Al-Kassem, qui aurait porté le surnom d'Abd' el-Wâdy ; celui-ci aurait donné origine à quatre grandes familles, savoir : les Beni Wâazen, les Beni Mottehar, les Beni Moâtty et les Beni Tâa' Allah qui étaient compris sous le nom commun d'Abd' el-Wâdy, et ce serait aux Beni Tâa' Allah qu'appartiendraient en particulier les rois de Tlemcen. Mais en adoptant cette généalogie, Mohammed et-Tenessy n'aurait-il pas sacrifié l'impartialité de l'histoire au désir de complaire à un prince qui l'avait comblé de faveurs et qui avait peut-être la manie, comme le fondateur de l'empire des Almohades, de se faire croire de la famille de Mahomet ? Cela paraît résulter du témoignage de deux historiens dont l'autorité est pour nous d'un poids de beaucoup supérieur à celui de notre auteur, nous voulons dire Yahia Ibn-Khaldoun et son frère Abd' er-Rahman. En effet, si nous en croyons le premier, les Beni Abd' el-Wâdy faisaient partie de la grande tribu berbère des Zénêtah (*Histoire des Beni Abd' el-*

Wâdy, fol. 12 v° de mon Mss.). Nous remarquerons, en passant, que, d'après Abd' er-Rahman Ibn-Khaldoun (*Histoire des Berbers*, t. I, p. 8), ce mot doit se lire et se prononcer *Jénêtah* (en berbère *Jénêten*), qui vient de *Jêna*, patriarche de la tribu de ce nom. Les Beni Abd' el-Wâdy avaient pour frères les Beni Meryn qui ont régné à Fez, les Magrawah, les Toujjyn et les Mellikesch, tribus qui existent encore dans les montagnes de l'Algérie, principalement dans la province d'Oran et la subdivision de Tlemcen. Leur ancêtre Abd'el-Wâdy, ou Abed el-Wâdy (*l'adorateur* ou *le pieux solitaire de la rivière*), était fils de Sagîh, fils d'Wacîn, lequel descendait de Madghîs el-Abtar, fils de Barr, fils de Kaïs Aïlan. « Telle est, dit Yahia Ibn-Khaldoun (*Boghriet er-Rowad*, fol. 14 v°), l'opinion de l'historien Ibn-Fayyâd et autres savants. » Les Beni Abd' el-Wâdy, dit-il ailleurs, se divisent en deux branches, mais ces deux branches sont comprises sous le même nom. Abd' er-Rahman Ibn-Khaldoun (*Histoire des Berbers*, t. II, p. 83) considère également les Beni Abd' el-Wâdy comme étant d'origine berbère, et en fait une branche des Beni Badîn, fils d'Wacîn, fils d'Warchig, fils de Djêna ou Jêna, père des Zénêtah (p. 100). « Les Beni Abd' el-Wâdy, dit plus loin (p. 100) le même historien, comprennent plusieurs familles ou tribus dont les plus connues sont au nombre de six, savoir : les Beni Yetikyn, les Beni Oulellou, les Beni Oursetif, les Maçoudjah, les Beni Toumart et les Beni al-Kassem que, dans leur langue, ils appellent Aït al-Kassem (la particule *aït* indique chez eux un rapport d'origine). Or, ces derniers prétendent qu'ils sont de la postérité d'Al-Kassem, fils d'Edrys. Au sujet de cet Al-Kassem, on a souvent affirmé qu'il était fils de Mohammed, fils d'Edrys, ou fils de Mohammed, fils d'Abd' Allah, ou fils de Mohammed, fils d'Al-Kassem, et que tous les Beni Abd' el-Wâdy étaient de la postérité d'Edrys, mais c'est là une prétention qui n'a pas d'autre fondement que le dire commun des Beni al-Kassem: ajoutez à cela que les populations nomades de la campagne sont loin d'avoir connaissance d'une pareille généalogie. Au surplus, Dieu seul connaît la vérité sur ce point. »

A la suite de ce raisonnement, le même auteur relate un fait qui achève de montrer combien cette généalogie mérite peu de confiance. On parlait un jour devant Yaghrmorâcen ben-Zeïyan, premier roi de Tlemcen, de la généalogie des Beni Abd' el-Wâdy dont il était le chef, et on la faisait remonter à Edrys : « Si ce » que vous affirmez, dit-il à ceux qui » soutenaient cette opinion, est vrai, c'est » une chose qui nous sera avantageuse de- » vant Dieu et dans l'autre vie; quant à » l'empire de ce monde, c'est à la pointe de » nos épées seulement que nous le devons. ان كان هذا صحيحًا فينفعنا عند الله وامّا الدنيا فإنما لناها بسيوفنا (*Histoire des Berbers*, t. II, p. 101).

Les Beni al-Kassem se composaient de plusieurs familles, parmi lesquelles on comptait les suivantes : 1° les Beni Yecnymen ben-al-Kassem, qui comprenaient plusieurs maisons; 2° les Beni Mottehar qui descendaient d'Ymmel, fils d'Yzouken, fils d'al-Kassem; 3° les Beni Aly qui formaient quatre branches, savoir : les Beni Tâa' Allah, les Beni Delloul, les Beni Guemy, et 4° les Beni Moâtty ben-Djauher.

Les Beni Aly étaient la plus nombreuse et la plus puissante de toutes ces familles, et c'est dans la branche des Beni Tâa' Allah que résidait le commandement. Lors de l'établissement du royaume de Tlemcen, cette même famille conserva la prépondérance sur les autres, et elle exerça le pouvoir souverain dans la personne des rois de Tlemcen, membres des Beni Tâa' Allah. En effet, Abou-Yahia Yaghrmorâcen, chef de la dynastie des Beni Abd' el-Wâdy, descendait en ligne directe de Tâa' Allah, fils d'Aly, à la sixième génération. Tous les historiens que nous avons pu consulter s'accordent là-dessus.

Enfin ce qui prouve que les rois de Tlemcen étaient d'origine berbère et ne descendaient pas, par conséquent, du khalife Aly, c'est que la langue maternelle des Beni Abd' el-Wâdy et celle dont faisaient usage leurs propres rois, n'était pas l'arabe, mais un dialecte du berbère. En effet, c'est dans ce dialecte que s'exprima Yaghrmorâcen lorsqu'il prononça les paroles qui viennent d'être citées (*Histoire des Berbers*, t. II, p. 101). Lorsque le même prince eut achevé de faire construire le minaret de la grande mosquée située dans le quartier de Tagrart, et celui de la grande mosquée du quartier d'Agadyr, on vint lui demander l'autorisation de graver son nom sur les deux nouveaux édifices. « Cela n'est pas nécessaire, répondit-il aux architectes en langue jénête (بالزناتيّة), car Dieu le sait (يسّنت ربّي) *Yssents reubbi*, c'est-à-dire il me suffit que celui-là seul de qui j'attends ma récompense dans l'autre vie, sache que c'est moi qui ai élevé ces édifices sacrés pour sa gloire et l'honneur de son nom. Nous avons extrait ce fait de l'histoire des Beni Abd' el-Wâdy par Yahia Ibn-Khaldoun (fol. 14 r° de notre Mss.). Or, le jénête, d'après le témoignage d'Abd'er-Rahman Ibn-Khaldoun (t. II, p. 1), était un dialecte de la langue berbère. Concluons de tout ce qui précède que les Beni Abd' el-Wâdy appartenaient à la nation berbère par leur langue aussi bien que par leur origine, et que c'est à tort que notre auteur leur assigne une origine arabe et une noblesse des plus illustres parmi ce dernier peuple.

Ce fut vers le déclin de la dynastie des Almohades que les Beni Abd' el-Wâdy, profitant de la faiblesse de cet empire et des troubles qui l'agitaient, entreprirent de secouer le joug des sultans du Maroc. Déjà les Beni Meryn, leurs voisins, leur avaient donné l'exemple de la rébellion, en s'emparant de la ville de Fez et en y proclamant leur indépendance; d'un autre côté, le gouverneur de Tunis avait également répudié l'autorité des princes Almohades et avait fondé un nouveau royaume, celui des Hafsides, dans la province d'Ifrikiah. Le vaste empire des successeurs d'Abd' el-Moumen, qui avait compris toutes les régions qui s'étendent entre l'océan Atlantique, d'un côté, et les confins du territoire de Tripoli, de l'autre; cet empire dont l'Espagne musulmane était une simple province, et qui, du côté du midi, ne reconnaissait pour limites que les déserts et les sables du Sahara, se trouva alors réduit à quelques provinces du Maghreb-Extrême et aux montagnes sauvages du Grand-Atlas.

Le premier émir Abd' el-Wadyte qui fut revêtu de la dignité royale, fut Abou-Yahia Yaghmorâcen ben-Zeiyan. Cet événement s'accomplit l'an 637 de l'hégire, sous le règne du sultan Almohade Edrys Al-Mamon. Pour maintenir son indépendance et défendre ses droits, Yaghrmorâcen eut à soutenir des guerres presque incessantes contre les rois, ses voisins, et contre certaines tribus berbères qui refusaient de reconnaître son autorité. Sa vie fut une lutte continuelle; suivant les historiens arabes, il livra plus de soixante batailles pendant son règne qui, du reste, fut fort long. Son courage et ses exploits le rendirent célèbre non-seulement parmi les Arabes et les Berbers, mais même parmi les chrétiens d'Espagne. Un écrivain de ce pays, qui vivait à cette époque, l'auteur de la chronique d'Alphonse XI, lui rend ce témoignage : « Gomarazan, dit-il, était un homme très-courageux ; car on dit que dans ce temps il n'y avait pas de chevalier maure qui pût le vaincre dans le combat d'homme à homme. » (Voy. *Journal Asiatique*, cahier de mai 1844, p. 394.)

Les successeurs de ce prince, exposés comme lui aux attaques incessantes des Hafsides et des Mérinites, se maintinrent avec beaucoup de peine sur le trône de Tlemcen ; le long siége qu'ils eurent à soutenir dans leur capitale contre l'armée des rois de Fez, est mémorable dans l'histoire d'Afrique. La branche aînée de la dynastie des Beni Abd' el-Wâdy finit dans la personne d'Abou-Teschifeyn qui périt en 737 dans la prise de Tlemcen par le sultan mérinite Abou'l-Hassan. Après être restés treize ans privés de leur empire, les Beni Abd' el-Wâdy rentrèrent enfin dans leur capitale et se proclamèrent indépendants. Le trône fut occupé alors par deux frères qui appartenaient à la branche cadette de la famille royale : ils furent les fondateurs de la dynastie dite des *Beni Zeiyan*, laquelle dura jusqu'à l'époque des Barberousse et de Saleh ar-Réis, dey d'Alger, c'est-à-dire jusqu'en 968 de l'hégire, année où mourut de la peste, à Oran, Mouley Hassan, dernier roi de cette dynastie. L'empire des Beni Abd' el-Wâdy avait duré environ 321 ans. Nous remarquerons, à la louange des rois de Tlemcen, que, malgré leurs guerres continuelles et le tumulte des armes, ils se montrèrent tous amis des lettres et des sciences, protégèrent ceux qui les cultivaient et fondèrent dans leur capitale des écoles célèbres par les maîtres qui s'y livrèrent à l'enseignement et par le nombre des hommes savants qui en sortirent. Yahia Ibn-Khaldoun nous a laissé, dans son histoire des Beni Abd'el-Wâdy, de courtes notices sur les personnes de mérite qui, soit par leur vertu, soit par leur savoir, ont illustré la ville de Tlemcen; son catalogue, qui s'étend jusqu'à l'époque où il florissait lui-même, offre un grand nombre de noms que l'on regrette de ne pas rencontrer dans le Dictionnaire biographique d'Ibn-Khalican ; ce sont, pour la plupart, des littérateurs, des poètes, des historiens, des jurisconsultes ou des mathématiciens, dont plusieurs sont auteurs d'ouvrages estimés parmi les Arabes, mais ignorés de nos savants d'Europe.

Les Etats des rois de Tlemcen, lorsque ceux-ci eurent atteint le plus haut degré de leur puissance, s'étendaient depuis la rivière de la Moulouya et celle de Sa à l'ouest, jusqu'à l'Oued-Kébir à l'est : les provinces de Bougie et de Constantine relevaient du sultan hafside de Tunis qui les gouvernait par des vice-rois. Du nord au sud, le royaume avait pour limites, d'un côté la Méditerranée, de l'autre, le Sahara ; il était borné au sud-est par le pays de Mossab et au sud-ouest par le territoire de Figuig. Les habitants appartenaient à deux races principales : la race arabe et la race berbère. La population berbère n'était pas homogène : une portion, et c'était la plus considérable, était d'origine jénète ; l'autre, qui paraît plus ancienne, reconnaissait une origine tchanègue. Nous citerons d'abord les principales tribus de race jénète, établies de temps immémorial dans le Maghreb-Moyen.

1° Les Beni Yfren. Si nous en croyons Abd' er-Rahman Ibn-Khaldoun (*Histoire des Berbers*, tome II, p. 14), les Beni Yfren descendaient d'Yfry, fils d'Yslaten, l'un des arrière-petits-fils de Jêna, patriarche des Jénêtah. Ils occupaient le territoire de Tlemcen, ville qui leur doit son origine, et le pays compris entre Tlemcen, à l'ouest, les montagnes des Beni Ràched à l'est, et la cité de Tiharet dans le Seressou, au sud-est. Ils avaient pour voisins dans le territoire de Tlemcen les Meghylah, tribu de race tchanègue. Leurs principales tribus étaient les Warcou et les Marandjîçah dont une portion était établie dans l'Ifrikiah. Leurs villes étaient Tlemcen, Tiharet, Tefesra, Tebecrit, Honéin, Aretchgoul et Nédromah.

2° Les Maghrawah. Ils reconnaissaient pour père Maghraw, fils d'Yslîten, de la postérité de Jêna. Leurs principales tribus étaient les Ylit, les Beni Zendec, les Beni Ourrac, les Ourtzemmir, les Beni Bou-Saïd, les Beni Oursyfên, les Laghrouât, les Beni Righrah. Ils demeuraient pour la plupart dans les oasis du Petit-Sahara, entre le Zab et les montagnes de Râched, où ils possédaient Warguelah, Temacin, Laghrouât et les coçour qui étaient de la dépendance de ces villes ; les autres étaient établis, dans le Maghreb-Moyen, sur la rive droite du Chelif, occupant la partie du littoral comprise entre Mostaghanem à l'ouest, et Cherchel à l'est : du côté du sud-ouest, leur territoire s'étendait jusqu'aux montagnes des Médiounah. A l'orient de Mostaghanem, il y avait une montagne d'environ quarante milles d'étendue qui portait leur nom. Parmi leurs villes, on comptait Mostaghanem, Mazaghran, Tenez, Breschk et Cherchel sur la côte, et dans l'intérieur, Mazounah, Chelif et Mélianah (*Histoire des Berbers*, tom. II, p. 33).

3° Les Beni Sendjès. Ils faisaient partie de la grande tribu des Maghrawah. Ils étaient disséminés dans l'Ifrikiah et les deux Maghreb, mais une bonne partie demeuraient dans les montagnes de Râched

(Djebel Amour), au sud du Maghreb-Moyen, dans les montagnes de Grigrah, situées au sud du Seressou et dans le voisinage du Chelif, au sud de Tenez. Une de leurs sous-tribus, les Beni Ghiar, était établie en partie sur la rive gauche du Chelif et en partie dans la province de Constantine (*Histoire des Berbers*, tom. II, p. 64).

4° Les Beni Yrnien. Ils étaient frères des Maghrawah et des Beni Yfren et vivaient disséminés parmi les autres tribus, mais la plupart demeuraient sur la rive gauche de la Molouyah, occupant la contrée qui s'étendait entre Sedjelmessah et Guersîf dans le Maghreb-Extrême (*Histoire des Berbers*, tom. II, p. 68).

5° Les Outchdîjen. Ils descendaient d'Ourtenîdh, fils de Jêna. Ils étaient établis pour la plupart dans le Maghreb-Moyen et habitaient le pays de Mendès, lequel était borné par les Beni Yfren à l'ouest, par les Lewâtah du Seressou, au sud, et par les Matmâtah de l'Wenscherisch à l'est (*Histoire des Berbers*, tom. II, p. 69).

6° Les Beni Ournîd. Les Beni Ournîd,

fraction de la grande tribu des Idemmer, avaient d'abord habité les plaines situées au sud de la montagne qui porte aujourd'hui leur nom ; mais ensuite, chassés de leur pays par les Beni Râched qui avaient envahi le Tell, ils se réfugièrent dans les montagnes voisines de Tlemcen qu'ils ont occupées depuis (*Histoire des Berbers*, tome II, p. 74).

7° Les Beni Oumânou et les Beni Yloumy. Les premiers habitaient la rive droite de la Mînas, et étaient disséminés sur le territoire du Mendès, de Merât et dans le voisinage du Chelif. Les seconds étaient établis sur la rive gauche du Chelif, dans le territoire de Djâabât, de Bathha, de Sig, de Ceyrât, ainsi que dans les montagnes des Haouàrah et des Beni Râched (*Histoire des Berbers*, tome II, p. 77) ; mais du temps d'Abd' er-Rahman Ibn-Khaldoun, ces deux tribus se trouvaient détruites et dispersées presque totalement.

8° Les Beni Badîn. Ils faisaient partie de la grande tribu des Beni Wâcin. Leurs principales tribus étaient les Beni Abd' el-Wâdy, les Toujjyn, les Beni Râched, les Beni Mossab et les Beni Zerdêl. Dans le principe, les Beni Wâcin avec toutes leurs tribus étaient établis, les uns dans l'Ifrikiah, les autres dans le désert de Barcah, les autres dans le Zab ; quelques tribus résidaient dans les coçour de Ghredâmes, de compagnie avec les Beni Ourtâjen et les Beni Wattas, fraction des Beni Meryn ; une autre portion des Beni Wâcin habitait les coçour de Mossab, à cinq journées de distance des montagnes de Titery et à trois journées des coçour des Beni Rîghrah, à l'ouest ; mais vers la fin du vi° siècle de l'hégire, à l'époque où Aly ben-Ichak ben-Ghranîah el-Majourky souleva l'Afrique contre les Almohades, une grande partie de leurs tribus, tels que les Beni Abd' el-Wâdy, les Beni Toujjyn et les Beni Râched, franchirent le Djebed-Râched et envahirent le Tell du Maghreb-Moyen, où elles fixèrent leur demeure au milieu des autres Zénêtah, leurs frères, car il descendaient du patriarche Jêna par Zahyg, fils d'Wâcyn, fils d'Ourchîg, fils de Jêna (*Histoire des Berbers*, tome II, p. 83).

Les Beni Abd' el-Wâdy comprenaient plusieurs familles dont les plus considérables étaient les suivantes : les Yetekîn, les Oulellou, les Oursetef, les Maçoudjah, les Beni Toumart, les Beni al-Kassem et les Beni Ycnîmen ben-al-Kassem qui, comme il a été dit plus haut, se subdivisaient en plusieurs branches, savoir : 1° les Beni Wâazen, de la postérité de Masseoud, fils d'Ycnîmen, fils d'Al-Kassem ; 2° les Beni Mottehar qui descendaient d'Ymmel, fils d'Yzouken, fils d'Al-Kassem ; et 3° les Beni Aly qui formaient les quatre branches suivantes : les Beni Tâa'Allah, les Beni Delloul, les Beni Guemy et les Beni Môatty ben-Djauher. Toutes ces familles étaient établies dans la région bornée, au midi, par la rivière de Sa ; à l'ouest, par la Moulouyah et le désert d'Angad; à l'est, par le territoire de Bathha, et au nord, par la Méditerranée. Leurs villes ou châteaux étaient Temzegzegt ou Temzizdict, Isly, Outchdah, Tlemcen et Bathha (*Histoire des Berbers*, tom. II, p. 100 et suiv.).

Les Toujjyn habitaient l'Wenscherisch,

le territoire qui s'étend à l'est de ces montagnes, le Seressou et les deux rives de l'Wâtel ou Haut-Chelif, entre les Beni Râched et le mont Derreg. Leurs villes étaient Almédeah et Aldjâabât : outre cela, ils possédaient les châteaux de Toukêl, de Merât, d'Watyceft, de Teferguennît et de Taoughrzout, appelé aussi *Calâat Ouled Selâmah* ou forteresse des Ouled Selamah. Leurs principales tribus étaient les Hachem, les Beni Yrnêten et les Beni Ydlelten. Les Hachem comprenaient la tribu des Beni-Tighreryn qui habitaient l'Wenscherisch, la tribu des Ouled-Azyza ben-Yâacoub qui occupaient le territoire d'Almédéah, et la tribu des Beni Mangouch. Les Beni Ydlelten qui avaient pour chefs les Ouled-Selamah, possédaient le Mendès, Aldjâabât et Taoughrzout. Quant aux Beni Yrnêten, leur pays s'étendait au midi de l'Wenscherisch jusqu'aux limites du Tell et à la lisière du Petit-Sahara.

Les Beni Râched occupaient une contrée dont l'étendue de l'est à l'ouest était d'environ cinquante milles (Voy. *Historiale Des-*

cription de l'Afrique, par Jean-Léon l'Africain, Anvers, 1556; Liv. IV, fol. 263 v°), et de vingt-cinq, du nord au sud. Leurs principales villes étaient Almoascar ou Mascara, Calâat Harara, Ouma-Kedda et Bathha sur l'Oued-Mîna, non loin de l'endroit où cette rivière se jette dans le Chelif.

Toutes ces tribus appartenaient à la grande nation berbère des Jénêtah, dont les uns habitaient le désert et les autres le Tell. Les Jénêtah du désert étaient répandus dans plus de trois cents coçour ou villages fortifiés du Tigourêryn (oasis de Touat), le long de la rivière d'Wamguîden et de celle du Guîr; il y avait aussi de leurs tribus dans tout le Beled-ul-Gérid, depuis Ghredâmès et le territoire de Tripoli jusqu'au Sous Al-Acsa dans le Maghreb-Extrême; quelques-unes, les Djerawah et autres, étaient mêlées avec les Arabes Hellêl, auxquelles elles étaient soumises; mais la portion la plus considérable de ce peuple demeurait dans le Maghreb-Moyen, que l'on nommait à cause de cela la ***Patrie des Jénêtah*** (*Histoire des Berbers*, tome II, page 154).

A l'est du pays des Toujjìn, le royaume était habité presque exclusivement par des Berbers de race tchanègue, c'est-à-dire descendants de Tchâneg, que les uns font descendre d'Ifrikès, fils de Caïs, les autres de Himiar le Jeune, fils de Saba, et les autres de Scharon, fils de Misraïm. Les Beni Telcât, de la postérité de Cart, fils de Tchâneg, étaient établis dans la contrée qui s'étend entre Messylah et Meliânah; ils occupaient également une partie du territoire d'Alger, de Hamzah et d'Almédéah, ville fondée par la tribu berbère des Lamdiah (*Histoire des Berbers*, tome II, page 196).

Les Beni Mezghranna habitaient Alger, ville fondée par Boullaguîn-ben-Zeïry.

La Mettidjah était le pays des Mellikesch. Les Haouarah, fraction des Aourighrah, étaient établis dans la partie sud du territoire d'Almédéah; les Mêtenen, les Wannoughrah, les Beni Othman, les Beni Yféouên, les Beni Khalyl, les Beni Djâad, les Batouyah et les Zouawah, tribu des Kétamah, se partageaient le reste de la partie orientale du royaume, y compris le territoire de Tedellès ou Dellys.

Les Zatimah, tribu des Nefzawah, occupaient une portion du sahel de Breschk; les Ourferdjoumah, fraction des Walhâçah, qui faisaient partie eux-mêmes de la tribu des Beni Ytouft, étaient mêlés aux Beni Yfren, dans le sahel de Tlemcen. Les montagnes des Tararah, appelées aussi montagnes des Walhâçah, près de Honein, étaient habitées par la tribu de ce nom.

Il y avait des Lewâtah dans les montagnes de Krikrah, au sud de Tiharet; une fraction de cette tribu était établie sur la rive droite de la Mîna et dans les montagnes qui dominent la plaine de la Mettidjah, du côté du midi.

Il faut également compter parmi les peuples d'origine berbère, qui vivaient au milieu des Jenêtah du royaume de Tlemcen, les Médiyounah, les Méghylah, les Koumîah, les Matghrarah et les Matmâta, qui descendaient de Madghris el-Abtar par Fâten, petit-fils de Dharys.

Les Matmâtah, qui habitaient l'Wenscherisch, le Mendès et les contrées voisines, avaient été subjugués par les Toujjin et chassés par ceux-ci de leurs places fortes.

Les Méghylah demeuraient dans le territoire de Tlemcen, dans celui de Tefezra, de Mazounah et dans le voisinage de l'embouchure du Chelif.

Les Médiyounah étaient disséminés dans la partie orientale du territoire de Tlemcen, dans les montagnes de Tessêla, parmi les Beni Râched et les Beni Toujjîn, et parcouraient la région située entre les montagnes des Beni Râched, à l'est, et les montagnes qui portent leur nom, au sud d'Outchdah, à l'ouest.

Les Goumîâh ou Koumîah, appelés anciennement *Satfourah*, habitaient la sahel de Tlemcen, c'est-à-dire la partie de son territoire qui borde la mer. Leurs villes étaient Nédromah, Aretchgoul, Tebecrit, Honein et Tagrart, château bâti sur une colline qui domine cette dernière ville. Le célèbre Abd'el-Moumen, qui était membre de la tribu des Goumîâh, avait vu le jour à Tagrart.

Les Matghrarah habitaient les montagnes de Nédromah, qui sont situées à trois lieues environ au sud de cette ville, ainsi que le territoire de Taount.

Les contrées occupées par les Jenêtah et les autres peuples berbères qui viennent d'être mentionnés étaient comprises, du temps des Romains, sous le nom de *Mauritania Cæsariensis*. Elles étaient alors habitées par les Massessyliens, qui avaient pour capitale Siga, et dont les principales tribus étaient les *Bauares* (Haouarah), les *Masices*, qui habitaient la rive orientale du Chelif (*Chinalaph*), les *Isaflenses*, les *Jubalenæ*, les *Jesalenses*, qui habitaient les montagnes aux environs d'*Auzia* (Hamzah), les *Macurebi* ou *Machurebi* (Maghrawah), les *Nabades*, les *Maurusii*, les *Baniuræ* et les *Autololes*, peuples qui, sans contredit, sont les ancêtres des Jénêtah et des autres tribus berbères établies de temps immémorial dans le Maghreb-Moyen.

Quant à la population arabe du royaume de Tlemcen, elle se composait en majeure partie de tribus appartenant à la lignée de Hillêl ben-Hâmer, de la postérité de Modhar, et originaires des montagnes de Taïef, dans l'Arabie centrale. Quelques-uns seulement étaient de la lignée de Mâakil, de la postérité de Saba, et par conséquent de race yémanite. On comptait parmi ces dernières les Dhouï Obéid-Allah et les Dhouï Mansour. Les Dhouï Obéid-Allah occupaient le pays qui s'étend entre Tlemcen, à l'est, et Taourirt à l'ouest ; les Dhouï-Mansour étaient établis sur les deux rives de la Molouyah et dans la région qui s'étend, au midi des sources de cette rivière, jusqu'à Sedjelmessah.

Les Thealibah demeuraient dans la plaine de la Mettidjah et s'étendaient, du côté du sud, jusqu'à Tegdempt, du côté de l'est jusqu'à Tedelles, et du côté de l'ouest jusqu'à Almédéah.

Les Arabes de la lignée de Hillel et de race modharite étaient membres de la grande tribu des Zoghrbah, qui formaient plusieurs branches, savoir : les Beni Yezîd, les Beni Hacîn, les Beni Malec, les Beni Hàmer et les Beni Horouah (*Histoire des Berbers*, tome I, page 54).

1° Les Beni Yezîd occupaient la partie occidentale de la province de Bougie et le territoire de Hamzah. La plus considérable de leurs tribus étaient les Homeiyan, qui sont fixés aujourd'hui dans la région des Chott, au sud de Tlemcen (*Histoire des Berbers*, tome I, page 54).

2° Les Beni Hacîn habitaient la contrée bornée, au sud, par les montagnes de Titery ; au nord, par le territoire d'Almédéah et à l'ouest, par les Beni Toujjîn. Ils formaient deux grandes tribus, les Djendel et les Kharach. Leur principale place forte était Titery (*Histoire des Berbers*, tome I, page 56).

3° Les Beni Malec comprenaient trois tribus, les Souaïd et les Harith, qui formaient les deux autres tribus, savoir : les Attaf et les Deylem.

Les Souaïd étaient disséminés dans le territoire de Ceyrât, de Bathha, de Tessêla, des Haouarah et dans le pays des Toujjîn. Mélianah et les plaines qui s'étendent au sud de cette ville étaient le partage des Attaf. Le territoire de Bathha était occupé spécialement par les Habrah, fraction des Beni Souaïd. Les Soubaïhh, autre fraction des Souaïd, vivaient en nomades au milieu de leurs frères, entre Chèlif, Oran et Tenez. Les Deylem possédaient le territoire d'Wazinah, au sud de l'Wenscherisch. Une fraction de cette tribu, les Akermah, demeurait dans les plaines qui avoisinent le confluent de l'Oued-Mîna et du Chelif (*Histoire des Berbers*, tome I, page 58 et suiv.).

Les Beni-Hâmer habitaient primitivement la partie occidentale du Maghreb-Moyen, au sud de Tlemcen ; mais ensuite ils étendirent leurs possessions, du côté de l'est de cette ville, jusqu'à Tessêla, dans le voisinage d'Oran. Ils se divisaient en trois tribus, savoir : les Beni Yâacoub, les Beni Homaïd et les Beni Châfée. Ces derniers comprenaient les Beni Chegàrah et les Beni Motarref (*Histoire des Berbers*, tome I, page 64 et suiv.).

Les Horouah, dont les Ouled-Nâil étaient une fraction, demeuraient en grande partie dans le Djebel-Râched et dans les contrées qui longent la rive septentrionale du Djeddi, dans le Sahara ; les autres erraient en nomades parmi les Souaïd, leurs frères et leurs alliés (*Histoire des Berbers*, tome I, page 71 et suiv.).

c.

Tels étaient les éléments de la population arabe établie dans le Maghreb-Moyen et vivant parmi les habitants d'origine berbère. C'est vers la fin du viᵉ siècle de l'hégire, et à l'occasion de la guerre des Beni Ghraniah contre les Almohades, que les Zoghrbah et les autres tribus de la postérité de Hillèl, avaient envahi cette partie de l'Afrique avec les Jénêtah du désert; auparavant ils demeuraient avec les Arabes des tribus de Selym, de Mâakil et de Djeschem, dans les plaines de l'Ifrikiah et le Beled-ul-Djerid, où ils menaient la vie nomade.

Plus anciennement ils étaient établis dans le Saïd, en Egypte et sur les bords de la mer rouge où ils se livraient la plupart du temps au larcin et au brigandage; mais en 437, Al-Moezz ben-Badis, gouverneur de l'Ifrikiah, ayant levé l'étendard de la révolte contre les khalifes fatimites, il attira sur lui les armes d'Al-Mostamer Moedd, lequel, d'après l'avis de ses visirs, envoya contre lui les peuples arabes en question. Arrivés dans l'Ifrikiah, ceux-ci, après avoir mis deux fois l'armée d'Al-Moezz en déroute, pillé les villes et dispersé les habitants, se partagèrent la contrée avec les Jénêtah. Il y avait cent soixante ans qu'ils occupaient le pays, lorsque, sous la conduite d'Aly ben-Ghraniah, ils firent invasion avec les Jénêtah dans le Maghreb-Moyen, où ils détruisirent les villes d'Aretchgoul et de Tiharet. Les Jénêtah s'établirent dans les montagnes et les terres hautes; les Arabes occupèrent les plaines et les déserts où ils vivaient sous les tentes et erraient avec leurs troupeaux. Quelques années plus tard, les tribus de Djeschem et de Mâakil qui étaient restées dans l'Orient furent établies dans le Maghreb-Extrême par le célèbre Yàacoub Almansor, troisième roi des Almohades.

Après avoir fait connaître les populations qui étaient soumises à l'empire des Beni-Abd' el-Wâdy, il est naturel que nous disions un mot sur la capitale de leur royaume.

Tlemcen dont le nom berbère est *Tilimcyn* تلمسين était appelée par les Arabes *Tilimcên* تلمسان, *Tellchên* تلشان et même *Tinimcên* تنمسان. D'après le savant maître des deux frères Abd' er-Rahman Ibn-Khaldoun et

Yahia Ibn-Khaldoun, Abou Abd'Allah Al-Abbelii, lequel était très-versé dans la langue berbère, *Tilimcyn* se compose des deux mots *Tilimm* et *cyn* dont l'un signifie *elle réunit* (en arabe جمع), et l'autre *deux* (الاثنين), c'est-à-dire le *Sahara* et le *Tell*, Tlemcen servant en quelque sorte de lien entre ces deux parties de l'Afrique septentrionale. *Tellchen* est formé des deux mots arabes شان et بل qui veulent dire *Honneur du Tell*. (Voy. *Boghriet er-Rowad* fol. 20 r°). Quant au nom de *Tinimcên* que, suivant l'auteur du *Meracid el Ittiláa* (Mss. de la bibliothèque nationale, supplément arabe, n° 894, p. 134), quelques-uns donnaient à Tlemcen, il paraît être une altération du nom arabe de cette ville.

Tlemcen est une des cités les plus anciennes de l'Afrique septentrionale; elle est mentionnée dans Pline (*Historiœ natural.* libr. V, cap. 4), qui lui donne le nom de *Timici* et le titre de *civitas*; de son côté, Ptolémée (lib. IV, cap. 3.) nous apprend qu'elle avait été assignée comme colonie à la troisième légion d'Auguste. Il paraît cependant qu'elle portait aussi chez les colons romains le nom de *Pomarium* ou *Pomaria*, qui était peut-être celui du quartier habité par eux. Cela résulte de deux inscriptions latines dont l'une se trouve à Lella Maghrnia, et l'autre à Tlemcen même, encastrée dans le mur du minaret d'une mosquée en ruines. On lit sur toutes les deux le mot *Pomariensium*, mais la première qui est tracée sur une borne milliaire, fixe entre *Syr* (Lella Maghrnia) et *Pomaria* une distance de 29 milles (43 kilom.), laquelle est exactement égale à celle de Lella-Maghrnia à Tlemcen, (Voy. *Notice sur les traces de l'occupation romaine dans la province d'Alger*, par M. de Caussade. Orléans, 1851, p. 85 et 86). La quantité considérable de ruines romaines et d'inscriptions latines découvertes à Tlemcen, principalement dans le quartier d'Agadyr, montrent évidemment que, du temps des empereurs, c'était une cité très-importante. S'il fallait chercher ailleurs la Timici des géographes de l'antiquité et si l'analogie frappante qui se rencontre entre les deux appellations *Timici* et *Tilimcyn* était purement fortuite, nous demanderions pourquoi aucun géographe grec ou latin n'a fait mention de Pomaria, et quelle position il faut assigner à Timici sur la carte ancienne. Le nom de Pomaria fut, sans doute, donné à la cité latine à cause de la fraîcheur du site où elle était assise, de l'abondance des sources qui arrosent son territoire et des nombreux vergers dont elle devait être entourée. Sous le règne de Siphax dont la capitale fut *Siga* (Nedromah), elle n'était peut-être encore qu'un assemblage de tentes et de gourbis habités par des Numides de la tribu des Beni Yfren à qui, suivant le témoignage d'Abd'er-Rahman Ibn-Khaldoun (*Histoire des Berbers*, tom. II, p. 23 et 105), elle doit son origine. Sous les Juba, sa population dut s'accroître et son enceinte se développer; mais en y fondant une colonie romaine, Auguste l'éleva par cela même au rang des villes les plus importantes de la Mauritanie Césarienne. En y arrivant, les colons trouvèrent un bourg pauvre et ouvert à toutes les attaques; au bout de quelques années, il se trouva transformé par eux en une place forte et inexpugnable. Pomaria eut alors un corps de cavaliers destinés à éclairer les mouvements des populations ennemies, et servant de poste avancé du côté de l'intérieur encore inexploré à cette époque.

Aulisva, dieu adoré par les indigènes, fut adopté par les Romains comme le génie tutélaire de la colonie (inscription encastrée dans le minaret de la mosquée d'Agadyr à Tlemcen). Sous les Antonins, qui s'attachèrent à répandre les bienfaits de leur administration dans la Mauritanie et la province d'Afrique, la prospérité et la sécurité régnèrent à Tlemcen et dans les colonies voisines. Ce fut probablement à cette époque que l'Évangile fut prêché dans cette contrée et que les Numides embrassèrent le christianisme, comme nous l'assure Abd'er-Rahman Ibn-Khaldoun (*Histoire des Berbers*, t. I, p. 132.). La colonie fut alors dotée d'un siége épiscopal ; plus tard nous voyons les évêques de Timici figurer dans les conciles de Carthage *Africa christiana* t. I, p. 317.), métropole des églises de la Numidie et de la Mauritanie

(411 et 484). La persécution des Wandales, alors maîtres de l'Afrique, en forçant un grand nombre de chrétiens à s'expatrier, et à chercher un refuge, soit dans l'intérieur des terres, soit en Espagne, soit en Italie, contribua à augmenter la population de Tlemcen, qui s'était affranchie du joug des peuples ariens et étrangers. Lorsque l'Afrique fut arrachée au joug de ses oppresseurs par l'armée victorieuse de l'empereur Justinien, Tlemcen ne perdit point son indépendance; car Bélisaire ne poussa pas ses conquêtes au delà de *Julia Cæsarea* ou *Cherchel;* il est probable qu'à l'époque dont nous parlons, elle jouissait de sa liberté et qu'elle était gouvernée par les successeurs de Mastigas, roi des Maures. Cela dura vraisemblablement jusqu'à l'époque de l'invasion musulmane en Afrique. Néanmoins nous ne voyons pas qu'elle soit devenue la proie des nouveaux conquérants, dès le début de leur invasion; Abou'l-Modjâher, l'un des premiers gouverneurs arabes de l'Afrique, s'avança jusqu'à Tlemcen; mais il n'est pas dit qu'il s'en empara ni que cette place lui

ouvrit ses portes. Quoique Ocbah ben-Nàfie ait porté ses armes victorieuses jusqu'aux bords de l'Océan Atlantique, l'on ignore si dans la rapidité de sa marche, il eut la patience de mettre le siége devant Tlemcen et si cette place tomba entre les mains du fougueux conquérant. Ce ne fut que vers la fin du premier siècle de l'hégire que Tlemcen fut définitivement soumise à l'empire des Arabes. Elle fut alors gouvernée par les émirs des Yfren et des Maghrawah qui répondaient de la sécurité du pays et fournissaient un certain contingent aux armées des khalifes. Mais vers la fin du IIe siècle de l'hégire, Tlemcen reconnut le pouvoir des Edryssites qui ôtèrent aux émirs berbers le gouvernement de la ville et y créèrent une vice-royauté pour les princes de leur famille: Soleyman, frère d'Edrys, roi de Fez, est le premier qui fut investi de cette dignité. Les Edryssites se plurent à orner leur résidence de magnifiques édifices et y fondèrent une grande mosquée, où ils firent placer un Manbar. Après plusieurs années de troubles et de guerres, pendant lesquelles

les émirs des Tchanêgah et ceux des Jénêtah s'étaient disputé les débris de l'empire des Edryssites, les uns au nom des sultans de l'Ifrikiah, les autres au nom des khalifes d'Espagne, Tlemcen resta définitivement soumise au pouvoir des émirs des Yfren; elle fut ensuite gouvernée par la dynastie des Zeyrides ou Beni Khazar, émirs des Maghrawah qui régnèrent sous la suzeraineté des khalifes Omeyades d'Espagne, jusqu'à l'époque où leur empire fit place à celui des Lamtounah ou Almoravides. Ce fut en 472 de l'hégire que le général Al-Mozdâly, envoyé par Abou-Teschifeyn, roi des Almoravides, à la tête d'une armée composée de vingt mille hommes, s'empara de Tlemcen qu'il saccagea et détruisit en grande partie. Les Almoravides conservèrent la possession de Tlemcen environ soixante-huit ans; mais dans le commencement de leur règne, elle avait failli leur être enlevée par Al-Mansor, fils d'An-Nâcer, seigneur de Calâat Beni Hammad. En 540, elle fut prise de vive force par le célèbre Abd'el-Moumen, qui fit massacrer la presque totalité des habitants. Il avait d'abord formé le dessein de raser la place, mais ayant ensuite changé de volonté, il la repeupla et en fit le siége d'une vice-royauté que lui et ses successeurs donnèrent aux princes de leur famille.

Les Almohades crurent d'une bonne politique de s'attacher les Beni Abd'el-Wâdy, les Beni Toujjîn et les Beni Râched qui occupaient le pays depuis longtemps; ils leur donnèrent une grande part dans les affaires du gouvernement; ils leur distribuèrent la plupart des dignités civiles et militaires et leur laissèrent les fiefs et les terres que ceux-ci possédaient sous les gouvernements précédents. De leur côté, les Beni Abd'el-Wâdy et les autres Jénêtah répondirent par leur fidélité aux vues bienveillantes du gouvernement almohade et travaillèrent de concert avec lui à assurer la tranquillité du pays. Ce fut à cet accord et à cette entente que Tlemcen dut la prospérité dont elle jouit sous les successeurs d'Abd'el-Moumen: elle vit alors sa population s'augmenter, son enceinte s'élargir, ses remparts s'exhausser, ses fortifications devenir formidables, ses places et ses rues s'embellir, de nouveaux édifices s'élever, son commerce s'étendre au loin et prospérer ; mais ce qui acheva d'accroître le nombre de ses habitants et de faire de cette ville la capitale du Maghreb-Moyen et la métropole de tous les Jénêtah de cette partie de l'Afrique, ce fut la ruine de Tiharet et d'Aretchgoul, qui arriva pendant les guerrés des Beni Ghraniah, partisans des Almoravides : Tlemcen s'enrichit alors des débris de la population de ces deux villes qui étaient fort considérables, et qui ne furent jamais restaurées depuis.

A cette époque, Tlemcen se composait de deux villes, séparées l'une de l'autre par l'espace d'un jet de pierre (*Boghriet er-Rowad*, fol. 4 r°, et *Meracid el Ittilâa*, Mss. de la bibliothèque nationale, supplément arabe, n° 891, pag. 134).

La plus ancienne, qui était située au levant, s'appelait *Agadyr*, ou *citadelle* en langue berbère : c'était la cité fondée par la colonie romaine ; elle était entourée de forts remparts. Elle renfermait un château qui était désigné par le nom de *Château-Vieux*

قصر الفجي, un *Ribât* رباط ou couvent militaire, plusieurs églises construites par les chrétiens des premiers temps et la grande mosquée bâtie, en 173 de l'hégire, par Edrys, fondateur de l'empire des Edryssites. Elle avait cinq portes, savoir : la *porte des Bains* باب الحمام, la *porte Wahab* باب وهب et la *porte de la Lucarne* باب الخوخة au midi ; la *porte de la Montée* باب العقبة, au levant, et la *porte d'Abou-Korrah* باب ابي قرة au couchant (1).

(1) Dans le *Boghriet er-Rowad*, fol. 4 r°, on lit : وواحد غربًا ينسب الى فرت *et une porte au couchant qui doit son nom à Kart*, mais nous croyons que le dernier mot est mal copié et qu'il faut lire : الى ابي قرة, c'est-à-dire *à Abou-Korrah*, comme dans Al-Becri (*Notices et Extraits*, tome XII, p. 525), Abou-Korrah, chef de la tribu berbère des Beni Yfren, fut proclamé roi par les Jénêtah, à Tlemcen, dans le courant de l'année 148 de l'hégire, sous le règne du khalyfe Abbasside Abou-Djâafar Al mansor. (Voyez *Histoire des Berbers*, tome II, p. 15, et *Journal Asiatique*, cahier de novembre 1841, p. 468 et suivantes.)

L'autre cité portait le nom de Tagrart ; elle avait été fondée par le roi almoravide Youssef ben-Teschifeyn, dans l'endroit même où il avait établi son camp pendant le siège qu'il mit devant Tlemcen en 462 de l'hégire ; c'est à cette circonstance qu'elle doit son nom de Tagrart, qui signifie *camp retranché* dans la langue des Jénêtah. Ce fut Abd'el-Moumen qui, en 540 de l'hégire, ordonna qu'on environnât la nouvelle cité d'un mur d'enceinte et qu'on y construisît en même temps une Djâmi ou grande mosquée. Elle était habitée principalement par les employés du gouvernement et les officiers de l'armée ; le waly ou commandant de la province y avait également son palais. Agadyr, au contraire, était devenue la demeure des gens du peuple et de la population commerçante de Tlemcen (*Méracid el Ittilâa*, pag. 134). Tagrart avait quatre portes, savoir : la *porte El-Djiad* ou des Coursiers باب الجياد, au sud ; la *porte du Halwah* باب الحلوى, la *porte al-Kermedin* ou des *Tuiles* باب القرمدين au nord, et la *porte Kachoutah* باب كشوطة, à l'ouest. Outre ces portes, Tlemcen en avait encore quatre autres, dont la situation n'est pas marquée dans les auteurs arabes qui en font mention; ce sont : la *porte des Drapeaux* باب البنود, la *porte d'Ilan* باب ايلن, la *porte du Change* باب الصرف et la *porte d'Aly* باب علي.

Tagrart prit un grand développement sous le gouvernement des vice-rois almohades; Abou-Hafs, fils d'Abd'el-Moumen, y fit élever un grand nombre d'édifices et d'établissements publics. Après lui, la circonscription de la ville fut agrandie par Abou-Imran Moucé, fils du sultan Youssef el-Açary et gouverneur de Tlemcen. Ce fut lui qui commença le mur d'enceinte de Tagrart en 566 de l'hégire, mur qui fut achevé en 581, par son successeur Abou'l-Hassan, fils d'Abou-Hafs, premier vice-roi almohade de Tlemcen (*Boghriet er-Rowad*, fol. 4 r°). Par cet ouvrage, les deux cités furent réunies ensemble et ne formèrent plus qu'une ville dont la population approchait de cent mille âmes.

Tel était l'état de Tlemcen, lorsque les Beni Abd'el-Wâdy levèrent l'étendard de la révolte contre les Almohades, proclamèrent leur indépendance, et s'emparèrent de l'empire du Maghreb-Moyen.

Après cet exposé historique, que nous ne pouvions nous dispenser de tracer, du moins rapidement, avant de mettre sous les yeux du lecteur la traduction de l'histoire des rois de Tlemcen, il ne nous reste plus qu'à indiquer les manuscrits arabes qui nous ont fourni le texte, et à dire quelques mots sur notre traduction.

Ces manuscrits sont au nombre de deux seulement. Nous les désignerons par les lettres A et B.

Ms. A. Ce manuscrit, de format in-4°, appartient à la bibliothèque nationale; il est coté 703, ancien fonds, et porte sur le dos de la couverture ce titre : *Nedhim al dorr.* Sur la partie intérieure de la couverture, on lit : *Rapporté de Mauritanie par La Croix* (Petis de la Croix), *interprète du roi, l'an* 1683. *Il a été acheté à Fez.* La page faisant face à celle qui contient le titre arabe de l'ouvrage porte cette autre note manuscrite: *Ce livre arabe,*

écrit en caractères africains, est intitulé :
El-durr ou El-Okhian fy Melouk Beni Zian.
Il est divisé en deux parties : la première
traite de l'histoire des Arabes, particulièrement des rois Edrissites et des Benizia-
nites qui ont régné dans les divers pays de
la Mauritanie, tant sur les Arabes que sur
les Berabas jusqu'à l'an 1374; la seconde
partie traite de leur politique. L'auteur
se nomme Mehemed ben-Abd el-Gelid,
de la ville de Tenez.

On lit sur le dernier feuillet du manuscrit : *Hic liber manuscriptus Arabicus qui
charactere Africano est exaratus contexio
margaritarum de Regibus Beni Zian ins-
cribitur, auctore Mahometo filio Abd'il
Gialil Tenensi in Mauritania. Dividitur
hic liber in quinque partes. Porro in primis
quatuor partibus texuntur annales Ara-
bum et præcipuè eorum regum qui in di-
versis Mauritaniæ plagis ex familiâ Edrisiâ
et Beni Zianâ regnarunt; in quintâ autem
agitur de eorumdem regimine et politicâ.*

Signé : Ascari, 1734.

Nous ferons remarquer en passant que la cinquième partie de l'ouvrage ne traite pas de la politique des Edryssites et des Beni Zeiyan en particulier, comme il est dit dans les deux notes qui ont été transcrites, mais de la politique en général de ceux qui gouvernent les peuples.

Le titre arabe du manuscrit est celui-ci :

نظم الدر والعقيان في بيان شرف بني زيان تأليف
الشيخ الإمام أبي عبد الله محمد بن عبد الجليل التنسي .

Collier de perles et d'or natif, ou Exposition de la noblesse des Beni Zeiyan par le cheikh et imam Abou-Abd'Allah Mohammed Abd'el-Djelyl et-Tenessy.

A la fin du volume, le copiste a ajouté cette note :

كمل السفر الأول من كتاب نظم الدر والعقيان في بيان
شرف بني زيّان والحمد لله وكعبى و......... ويتلوه
في الثاني القسم الثالث من ذكر ملح ونوادر مستنطفى من
روبــــنــــا عـــن أجــــنـــاس مـــتــــلـــــــجـــــه .

Fin du tome 1er du Collier de perles et d'or natif ou Exposition de la noblesse des Beni Zeiyan. *Louange à Dieu, et il suffit* (suivent quelques mots à demi effacés par le temps et illisibles). *Dans le tome* II, *suivra* *la 3ᵐᵉ partie qui renferme des récits piquants et des traits d'esprit empruntés à diverses nations.*

Ce tome II manque à la bibliothèque nationale, de même que le III qui devait contenir la 3ᵉ et la 4ᵉ parties de l'ouvrage. Le manuscrit est donc dépareillé et incomplet. De plus il présente des lacunes et des blancs en plusieurs endroits; cependant il est en beaux caractères africains; il contient plusieurs bonnes variantes, et il est en général très-correct. Il nous a été d'une grande utilité pour corriger les passages fautifs du manuscrit B et en rétablir le véritable texte.

Ce manuscrit a été cité plusieurs fois par l'illustre M. Quatremère dans les savantes notes dont il a accompagné son mémoire sur le géographe Al-Becri (Voy. *Notices et Extraits*, t. XII). M. Tornberg en a donné de longs extraits dans les *Annales regum Mauritaniæ* (texte et traduction), ouvrage publié en 1843-1845 à Upsal. Depuis il a été signalé à l'attention du gouvernement français par M. Mac-Guckin de Slane, dans un rapport adressé à M. le ministre de l'instruction publique en 1845.

Ms. B. Ce manuscrit, qui est de notre collection particulière, est un fort volume in-4°. Outre les cinq parties de l'ouvrage, il contient à la fin un recueil de poèmes dus à la plume d'Abou-Hammou Moucé II, roi de Tlemcen. Il a été copié en 1846 sur un exemplaire qui appartient à Cidi-Hammad' es-Sekkal, caïd de Tlemcen. Il est écrit avec beaucoup de précipitation et par des mains différentes; mais le texte en est, en général, assez correct. Nous devons cette précieuse copie à l'obligeance de M. le général Cavaignac et à l'amitié que professait pour nous feu Cidi Hammad' es-Sekkal. L'un a bien voulu employer ses bons offices pour nous obtenir une copie du manuscrit; l'autre s'est prêté le plus gracieusement du monde à ce qu'on attendait de son extrême complaisance. Au commencement du manuscrit on lit la note suivante qui est de la main du secrétaire du caïd :

الحمد لله ، باتحضض التلمسانية نسخ هاءا الكتاب المشهور بتحفة الملوك تاليف الامام العالم أبي عبد الله سيدي

محمد التنسي رحمه الله تعالى ورضي عنه فاصّا من امر
بنسخه وهو الفقيه السيد حمّاد الصقّال قائد تلمسان
بعثه للاديب الاريب الفصيح اللبيب حبر وقته وفريد
عصره الشيخ برجس في باريس دار مملكة السلاطين
الفرنسا وبه النافعين بالجد في كل فطر وناحية
على يد عاملهم بتلمسان وسائر عمالتها المعظم
الجنيرال كبا نياط وقت التاريخ وهو السابع عشر من ذي
الحجة عام اثنين وستين وماتين والف

Louange à Dieu! Ce livre connu sous le nom de Tohfet-el-Molouk (Cadeau offert aux rois), ouvrage du docte imam Abou Abd' Allah Cidi-Mohammed et-Tenessy (que Dieu lui fasse miséricorde et soit satisfait de lui!) a été copié dans la cité de Tlemcen, d'après l'ordre de l'Alfakih, le Cid Hammad' es-Sekkal, caïd de Tlemcen; puis il a été envoyé par celui-ci au littérateur habile, à celui qui s'exprime clairement et qui est doué de pénétration, au docteur de son temps, à la perle de son siècle, le cheidkh Bargès, à Paris, résidence royale des sultans français qui opèrent le bien dans toutes ces contrées et pays-ci par les soins de celui qui gouverne en leur nom Tlemcen avec toutes ses dépendances, l'honorable général

d.

Cafaniac, et cela, à la date courante, c'est-à-dire le 17 de *Dhou'l-Kâadah* de l'an 1262.

Il paraît que cette note, qui a été tracée par un homme instruit et dictée par le caïd qui était lui-même très-versé dans la littérature arabe et l'histoire du pays; il paraît, disons-nous, que l'ouvrage, outre le titre de *Nadhmou'd-dorri wel-ockyan* qui se lit en tête du manuscrit et qui est celui que l'auteur donne lui-même à l'ouvrage dans sa préface, portait aussi celui de *Tohfet el-Molouk*, qui semble d'ailleurs convenir davantage à l'ensemble de l'ouvrage, car il traite de toute sorte de sujets et l'histoire des Beni Zeiyan ne forme guère que la dixième partie du livre entier.

L'époque où la copie a été terminée se trouve indiquée dans la dernière page du manuscrit; on y lit :

كمل هذا الكتاب الجامع لعلوم جليلة من الاداب بمجموع ابي عبد الله سيدي محمد بن عبد الجليل التنسي رحمه الله تعالى ورضي عنه ونفعنا به وبعلومه على يد من امر بكتبه الفقيه الاجل العالي الافضل السيد حماد بن الفقيه المرحوم السيد بنعون بن السيد الحاج الغربي الصفار التلمساني اصلا ومنشأ ودارا ومحلّا وفرارا الشـ

بي نسباً وعنصراً كان الله لنا وله ولياً ونصيراً وكان الفراغ منه صبيحة الاثنين السابع عشر من شوال العربي من عام اثنين وست ين ومائتين وألف وفد وافق التاسع من نونبر من عام ستة واربعين وثمان مائة وألف

Ce livre qui contient des sujets d'instruction admirables reconnaît pour auteur Abou-Abd' Allah Cidi-Mohammed ben-Abd' el-Djelyl et-Tenessy (que Dieu lui fasse miséricorde et soit satisfait de lui; qu'il nous applique ses mérites et nous fasse participer à son savoir!) a été achevé par celui qui avait reçu l'ordre de le copier. Cet ordre avait été donné par l'Alfakih, très-glorieux, le savant très-distingué, Cid Hammad, fils de l'Alfakih, feu le Cid Ben-Aoudah, fils du Cid el-Hadjj Algharby es-Sekkal, né et élevé à Tlemcen où il a sa maison, sa demeure et son domicile ordinaire, noble d'origine et d'extraction (que Dieu nous accorde à lui et à nous son aide et sa protection!). La copie a été terminée dans la matinée du lundi, 17 schewal de l'an 1262, ce qui répond au 9 novembre de l'année 1846.

C'est de cette copie que nous nous sommes servis pour faire notre traduction.

En faisant passer dans notre langue le texte de Mohammed et-Tenessy, nous avions deux écueils à éviter : nous asservir à la lettre de l'écrivain arabe et nous exposer à n'être pas entendu ou bien traduire librement et dissimuler la couleur originale de l'auteur ; nous avons tâché de tenir une route intermédiaire. L'interprétation littérale a été donnée, quand les images employées dans l'original ne s'éloignaient pas beaucoup de notre manière ordinaire de concevoir et n'étaient pas de nature à choquer l'esprit délicat du lecteur français ; dans les autres cas, elles ont été remplacées par d'autres équivalentes et rendant autant que possible le sens de l'auteur. Lorsque le laconisme ou l'omission des transitions nous a semblé nuire chez lui à la clarté du récit, ce défaut a été corrigé, dans notre traduction, par l'addition d'un mot et quelquefois d'une courte phrase : nous ne pensons pas qu'on nous en fasse un reproche.

A propos de l'anniversaire de la naissance de Mahomet, l'auteur cite dans leur entier les poèmes qui furent récités à la cour des rois de Tlemcen en l'honneur du fondateur de l'Islam ; comme ces morceaux inspirés par la piété musulmane et quelquefois par l'ambition de leurs auteurs qui couraient après les places et les récompenses, ne renferment aucun fait historique et qu'ils ne peuvent guère intéresser un lecteur chrétien, nous avons cru pouvoir nous dispenser de les traduire, il nous a paru suffisant d'en citer les premiers vers.

Mohammed et-Tenessy, nous l'avons déjà fait remarquer, n'a guère fait, en général, qu'abréger ce que d'autres avant lui avaient écrit longuement et d'une manière circonstanciée ; il nous eût été donc très-facile d'enrichir notre travail de nombreuses et amples notes puisées dans les historiens compilés ou abrégés, dont quelques-uns sont entre nos mains. Nous n'avons pas voulu le faire, dans la crainte d'outrepasser les bornes qui nous étaient imposées par le genre de notre travail, et surtout de fatiguer le lecteur qui n'aime pas, en général, à être sans cesse interrompu par des observations et des renvois : nous n'avons donc donné que celles qui sont nécessaires pour l'intelligence du texte ; quant aux faits simplement allégués ou relatés brièvement par l'auteur, nous avons renvoyé aux historiens arabes d'où ils nous semblent avoir été tirés. D'ailleurs les longues explications dans lesquelles nous venons d'entrer dans cette préface, suffiront pour éclaircir d'avance bien des passages de notre auteur et nous épargneront la peine de multiplier les notes. Cependant, comme à partir du IXe siècle de l'hégire, les historiens arabes nous font défaut (Abd'er-Rahman Ibn-Khaldoun s'arrête à l'année 804), et que les renseignements fournis par Mohammed et-Tenessy lui-même sont très-maigres et insuffisants, nous avons jugé à propos de nous écarter de la règle que nous nous étions imposée jusque-là. Nous avons donc tâché de compléter ou du moins de contrôler le récit de notre auteur en élucidant autant que possible l'intervalle qui s'est écoulé depuis cette époque jusqu'à la fin du règne d'Al-Motaweckel âl'Allah, le dernier décrit par lui ; dans ce dessein nous avons mis à contribution un historien anonyme des Hafsides de Tunis dont nous possédons un long extrait à la fin de l'histoire des Beni Abd'el-Wàdy par Yahia Ibn-Khaldoun, manuscrit de notre collection.

En terminant nous devons avertir également le lecteur que, pour donner à cette traduction l'air d'un ensemble agréable et harmonieux, nous avons placé avant le chapitre qui traite de l'histoire des Beni-Zeiyan, la partie de la préface dans laquelle l'auteur rend ses hommages au Très-Haut et fait la profession de foi accoutumée.

Puisse ce travail, fruit d'un temps arraché à l'étude des saintes Lettres, contribuer au progrès des connaissances historiques et venir en aide à ceux qui cherchent à débrouiller le passé de nos possessions françaises dans le nord de l'Afrique !

Depuis que cette préface est écrite, il a paru dans le Journal Asiatique (cahier de novembre-décembre 1851, page 585 et suivantes) une notice en forme de lettre sur un exemplaire de l'ouvrage de notre auteur, qui est tombé entre les mains de notre ami, M. Cherbonneau, professeur d'arabe à Constantine. Elle renferme, outre l'analyse du *Collier de perles et d'or natif*, etc., de précieux renseignements sur la biographie de Mohammed et-Tenessy, que nous sommes heureux de reproduire ici, afin de compléter ce que nous avons déjà dit touchant cet historien.

Voici ce que nous y trouvons :

« On lit dans le *Tekmilet ed-Dibadj* d'Ahmed-
» Baba, le tombouctien, tome II, fol. 133, v°,
» ligne 17 :

» Mohammed ben-Abd' Allah, ben-Abd' El-Dje-
» lil Et-Tenessi Et-Tlemçâni, fut un docteur du
» plus grand mérite ; il savait le Koran par cœur et
» était profondément versé dans tous les genres de
» littérature. C'est de lui que veut parler Ahmed
» ben-Daoud, l'espagnol, dans le passage où il dit :

« Notre savant professeur, le docte et honorable
» imam, doué d'une mémoire qui tient du prodige,
» et dont les travaux littéraires ont fait école. » Abou-
» Abd' Allah, ben-El-Abbâs, le désigne par les épi-
» thètes d'illustre et savant docteur ; il écrit même
» quelque part : « J'ai eu le bonheur d'assister vers
» les dernières années de sa vie à ses leçons d'arabe,
» de droit, de hadis (traditions) et d'exégèse korani-
» que. » L'imam Es-Sénouci ne le cite qu'avec les
» expressions suivantes : « L'Imam de Ténès, le type
» de l'érudition ; le modèle de la science qui rete-

» naît si fidèlement dans sa mémoire le livre de la
» révélation et savait répandre les lumières de la
» vérité sur les questions les plus obscures. » Ibn-
» Daoud nous apprend aussi qu'ayant été interrogé
» par quelqu'un sur le mérite particulier du doc-
» teur de Tlemcen, il avait répondu : « La science
» est l'apanage d'Et-Tenessi; la piété caractérise Es-
» Senouci, et c'est à Ibn-Zekri qu'appartient l'ex-
» cellence du professorat. »

» Mohammed ben-Abd' Allah, ben-Abd' el-Djelil
» Et-Tenessi avait fait ses études sous les professeurs
» les plus renommés, tels que Ibn-Merzoug, Kâcem
» el-Akbâni, Ibn-el-Imâm, Ibn-en-Nedjdjar, Ibra-
» him-et-Tâzi et Ibn-el-Abbas de Tlemcen. »

Son ouvrage le plus important, sans contredit, est connu sous le titre de : نظم الدر والعقيان في دولة آل زيان *Collier de perles et d'or vierge*, ou *Histoire de la famille de Zian*.

Nous avons de lui un volume auquel il a donné le nom de الضبط وراح الارواح *L'Orthographe, et la Récréation des âmes.* Mais le traité dans lequel il a déployé une grande érudition est sa *Longue réponse à la question des juifs de Touat,* جواب مطوّل عن مسئلة يهود توات.

Voici en quels termes l'Imam Es-Senouci s'expri-
mait sur le mérite de cette thèse : « N'est-on pas
frappé de la justesse d'entendement, de la finesse de

pénétration, de la foi sincère avec laquelle l'imam Et-Tenessi a trouvé le joint de la question? etc., etc. » Je ne pousserai pas plus loin les détails.

Au nombre de ses disciples les plus célèbres doivent être comptés Ibn-Sâad, El-Khatib ben-Merzouq, et puis Es-Sebth, Ibn-El-Abbas Es-Seghir, Bil-Kacem Ez-zouaoui et Abd' Allah ben-Djellal.

Ce fut au mois de djoumad et-tsani, l'an 899 (mars 1494), que mourut cet historien éminent.

HISTOIRE

DES

BENI ZEIYAN

ROIS DE TLEMCEN.

PRÉFACE DE L'AUTEUR.

Au nom de Dieu clément et miséricordieux. Que Dieu bénisse notre seigneur et patron Mohammed, sa vénérable famille et ses saints compagnons !

L'humble serviteur de Dieu, celui qui a besoin de la miséricorde de son seigneur, Mohammed ben Abd' el-Djelyl et-Tenessy (que Dieu lui soit propice !) a dit :

Louange à Dieu qui, chaque jour, fait luire

l'aurore, et amène ensuite les ombres de la nuit pour ménager le temps du repos et du sommeil; qui a daigné accorder à l'homme le langage par lequel il exprime toutes ses pensées et arrive à toutes ses fins; qui lui a donné exclusivement la raison par laquelle il peut accepter ce que la loi divine lui intime, et obtenir ainsi la beauté intérieure et la joie! Louons-le, et que nos louanges soient des plus belles que lui offrent les vénérables anges dans leurs adorations; des premières que fit retentir son élu Adam (à qui soit le salut!), et des plus magnifiques que les langues des hommes aient exprimées dans le commencement, et que les plumes aient tracées sur des feuilles, bien que ce soient des instruments qui ne comprennent pas les louanges par lesquelles ils célèbrent le créateur; car il est bon et indulgent. Nous confessons qu'il n'y a d'autre Dieu qu'Allah, qu'il n'a point d'associé, qu'il est seul et unique dans son essence, n'ayant ni semblable, ni égal; que ses volontés s'accomplissent sur les créatures en vertu de la prédestination, et que sa puissance s'étend à toutes choses; qu'il embrasse tout dans sa science et qu'il est connu de ses créatures raisonnables, étant l'être bon par excellence, et possédant une science infinie ; qu'il n'a rien de commun avec les propriétés des choses créées et qu'il est infiniment loin de ce que les infidèles et les impies lui attribuent.

Nous confessons que Mohammed est son serviteur et l'apôtre qu'il s'est choisi parmi la plus noble des familles de Modhar, fils de Nizar, fils de Maad, fils d'Adnan ; apôtre qu'il a envoyé à tous les hommes sans exception, tant à ceux qui sont de race blanche qu'à ceux qui sont de race noire, tant au genre humain qu'à la race des Djinn ; par le ministère de qui il nous a fait connaître les cérémonies de la religion et les prescriptions de la loi ; par les mains de qui il a établi les fondements de la foi ; apôtre enfin à qui il a communiqué les attributs les plus parfaits, puisqu'il l'a fait le témoin de la vérité, le messager des bonnes nouvelles, le prédicateur annonçant les châtiments de l'autre vie, le missionnaire invitant au culte de la vraie religion et la lampe resplendissante du monde. Or, cet apôtre (à qui soit le salut !) a annoncé que le khalifat resterait dans la maison de Koréisch, et il a imposé à toute créature l'obligation d'assister celui qui serait revêtu de cette éminente dignité, de le suivre et de lui obéir. Il a également fait savoir que parmi les populations de l'Occident, il y en aurait qui aideraient au triomphe de la vérité, et cela jusqu'au moment où sonnera l'heure suprême du jugement. Que Dieu lui soit propice, à lui, aux membres de sa famille dont il proclame l'excellence dans les versets clairs de son livre, ainsi qu'à tous leurs partisans, car il est écrit : *Dieu veut seulement, ô gens de ma famille, que toute souillure s'éloigne de vous et qu'il vous purifie entièrement de vos péchés. (Koran, sur. XXII.)*

J'ai intitulé ce livre : *Collier de perles et d'or natif*, ou *Exposition de la noblesse des Beni Zeiyan* et histoire de leurs illustres rois et de ceux qui, parmi leurs aïeux, ont occupé le trône dans les temps passés. Je prie Dieu le Très-Haut, ayant la confiance qu'il ne rejettera point ma demande, de m'accorder la grâce d'achever cet ouvrage, et puis de vouloir bien l'agréer, car il n'y a point d'autre dieu que lui, et nous n'avons pas d'autre bien à attendre que celui qui émane de sa main libérale.

CHAPITRE I.

Règne de l'émir des Moslim, Yaghrmorâcen ben-Zeïy premier roi de Tlemcen.

Le premier de cette illustre famille qui exerça le pouvoir souverain; qui réunit les perles dispersées de la couronne royale et les enfila dans sa personne dans le plus solide des cordons; qui fit revivre dans sa famille la trace effacée du khalifat; qui réveilla la paupière depuis longtemps endormie de la souveraineté due à la postérité de Hassan, ce fut le roi magnanime, le lion intrépide, l'honneur des souverains et la couronne des grands, l'émir des Moslim,

Yaghrmorâcen ben-Zeiyan. Ce prince incomparable ne fit que se lever, et aussitôt il se vit maître du pouvoir, et les droits au trône qu'il tenait de ses pères le mirent au-dessus des plus illustres potentats de la terre. Il devint ainsi le vicaire de Dieu le bien-aimé, l'épée destinée à la défense de la vraie religion et toujours prête à frapper; l'éclat de sa domination naissante fit pâlir au loin l'autorité des rois de l'Orient et de l'Occident. Les habitants de la Mecque et d'Yatrib envièrent à ses sujets le bonheur de vivre sous ses lois; et comment ne l'auraient-ils point envié? ce prince n'était-il pas issu des deux arrière-petits-fils de l'apôtre de Dieu (Zéïd et Hassan), et n'était-il pas un rejeton des deux rameaux (petit-fils) de la blanche Fatimah?

Yaghrmorâcen fut proclamé roi le 7 de djoumada second, l'an 637. Voici les circonstances qui amenèrent cet heureux événement.

La discorde qui régnait parmi les Beni Abd' el-Moumen (les Almohades) avait considérablement affaibli leur puissance et leur autorité; les Beni Abd'el-Wâdy mettant à profit cette circonstance, se décidèrent à s'emparer du territoire de Tlemcen dont ils étaient voisins. Après avoir étudié les endroits par où ils pouvaient y pénétrer, ils l'envahirent de plusieurs côtés avec leurs chevaux et leurs chameaux ; chaque fraction de leur tribu occupa la partie du territoire qui se trouva sous ses pas. Yaghrmorâcen accorda l'*aman* aux habitants moyennant un impôt qu'ils promirent de lui payer chaque année, et il leur ordonna à tous d'obéir à leur chef, Djâber, fils de Youcef, fils de Mohammed, qui était fils de l'oncle paternel de Zeiyan, père de l'émir des Moslim, Yaghrmorâcen, fils de Zeiyan, fils de Thâbit, fils de Mohammed. A cette époque, Tlemcen avait pour gouverneur Abou-Séïd Othman, fils de Yacoub-al-Mansor, qui commandait au nom de son frère Almamon Edris, fils d'Almansor. Abou-Saïd ayant tendu un piége à un certain nombre des chefs des Beni Abd' el-Wâdy, s'était saisi de leurs personnes et les avait jetés en prison. Quelque temps après, une personne influente de la tribu des Lamtounah (les Almoravides) établis à Tlemcen vint lui demander l'élargissement des Beni Abd' el-Wâdy. Sa prière fut repoussée ; ce refus irrita tellement le Lamtounien, qu'ayant rassemblé à la hâte les gens de sa nation, il courut vers la prison, délivra les chefs des Beni Abd' el-Wâdy et y mit à leur place l'émir Abou-Saïd lui-même. Puis il leva ouvertement l'étendard de la révolte contre les Beni Abd' el-Moumen et forma le dessein de ressusciter l'empire des Lamtouniens. Trompé par son propre jugement, il se persuada que, tant qu'il n'aurait pas exterminé les chefs des Beni Abd' el-Wâdy, son projet ne pourrait être mené à bonne fin. Il envoya donc à Djâber, fils d'Youcef, ainsi qu'aux autres chefs des Beni Abd' el-Wâdy, pour les inviter à un festin qu'il devait donner chez lui. Ceux-ci, pour répondre à la politesse qu'on leur faisait, se rendirent auprès de leur hôte. Lorsqu'ils furent arrivés près de la ville, ils apprirent le sort fatal qui leur était préparé. Ils firent halte immédiatement et délibérèrent sur ce qu'ils avaient à faire; mais la nouvelle de leur arrivée était déjà parvenue aux oreilles du Lamtounien, lequel était allé en toute hâte au-devant d'eux pour les introduire lui-même dans la ville. Les Beni Abd' el-Wâdy jugèrent que le meilleur parti qu'ils eussent à prendre, c'était de se saisir de la personne du traître. Ils l'arrêtèrent donc, lui et huit de ses compagnons, et les garrottèrent. Djâber entra alors dans la ville avec tout son monde, en proclamant le nom d'Edris Almamon; il prit les rênes du gouvernement, après quoi il envoya au prince Almohade, pour lui faire savoir les événements qui s'étaient accomplis. Almamon exigea seulement de lui qu'il le fît nommer dans la *khotbah* et que les monnaies fussent frappées à son coin. Le chef des Beni Abd' el-Wâdy se mit alors en possession du territoire qui avoisine Tlemcen, occupa le pays des Beni Râched, ainsi que toutes les villes de la province. Il n'y eut que Nedromah qui refusa de se soumettre. Djâber courut mettre le siége devant la place rebelle; mais là il fut atteint d'une flèche, qui était partie de la ville, et qui lui donna la mort. Cet événement eut lieu la troisième année de son gouvernement.

Il eut pour successeur son fils Hassan ben-Djâber qui, au bout de six mois, jugea à propos d'abdiquer en faveur de son oncle Othman, par considération pour son âge qui était très-avancé. Mais celui-ci se conduisit d'une manière blâmable dans son administration, et mérita d'être ignominieusement chassé de Tlemcen. Après cela, les Beni Abd' el-Wâdy élevèrent d'un commun accord Abou-Ezzah Zeydan ben-Zeiyan à la dignité d'émir. Il régna en cette qualité sur Tlemcen et sur toutes les dépendances de cette province. Mais les Beni Motthar refusèrent de reconnaître son autorité, et furent assistés dans leur révolte par les Beni Râched ; la guerre s'étant allumée entre lui et les rebelles, les deux partis se livrèrent plusieurs batailles, dans l'une desquelles Abou-Ezzah finit par être tué. Alors les Beni Abd' el-Wâdy mirent à la tête du gouvernement l'émir des Moslim, Yaghrmorâcen, frère d'Abou-Ezzah ; ils le proclamèrent roi, en le reconnaissant pour leur unique souverain et en secouant le joug des Beni Abd' el-Moumen.

Yaghrmorâcen ben-Zeiyan, revêtu ainsi du pouvoir absolu, fit revivre dans sa personne les traces du khalifat hassanide qui s'étaient perdues, et il éleva jusqu'à la plus grande hauteur le phare qui devait ramener vers l'autorité légitime les pas de ceux qui s'en étaient écartés ; c'est pourquoi la fortune se félicita de lui avoir donné le jour ; l'astre garant de sa félicité se leva dans la sphère du bonheur ; l'arbre du pouvoir, depuis longtemps languissant et fané, se trouvant cultivé par ses mains, reprit sa verdure et sa fraîcheur ; enfin le temps réalisa en faveur du prophète les promesses dont il semblait avoir ajourné indéfiniment l'accomplissement, et fit briller dans la maison d'Yaghrmorâcen le khalifat dans tout son éclat. En effet, ce prince adopta dans son administration et dans toute sa conduite les habitudes et les usages qui sont propres à relever le pouvoir et à l'embellir aux yeux du monde ; il s'entoura de visirs et de chambellans; il créa des caïds et des secrétaires d'État. Les Beni Motthar et les Beni Râched levèrent contre lui l'étendard de la révolte; mais, avec l'assistance de Dieu, il parvint à les faire rentrer dans le devoir.

Son élévation au trône et l'acte par lequel il se déclara indépendant, s'accomplirent sous le règne de Rachid Abd' el-Wâhid, fils d'Edris Almamon. Rachid lui envoya un cadeau magnifique, dans l'espoir que les Almohades seraient nommés, comme auparavant, dans la prière publique du vendredi. Comme le roi de Tlemcen refusa de se conformer à cet usage, ils se brouillèrent tous les deux et commirent l'un contre l'autre des actes d'hostilité.

Rachid songeait à marcher contre son rival, lorsqu'il fut prévenu par la mort. Il eut pour successeur à l'empire son frère Saïd, fils d'Almamon.

Quelque temps après, il arriva que l'émir Abou-Zakaria, fils d'Abd' el-Wâhid, fils d'Abou-Hafs el-Hentâti envoya un présent à Saïd, dans la persuasion où il était que celui-ci était encore maître de tout l'empire du Maghreb. L'émir des Moslim, Yaghrmorâcen, jugeant que le présent lui revenait de droit, s'en empara et se l'appropria. Abou-Zakaria s'attendait à ce que Saïd regarderait cette insulte comme faite à lui personnellement et se lèverait pour en tirer vengeance ; le prince Almohade ne bougea pas. Alors l'émir prit le parti de secouer le joug de l'obéissance et se déclara indépendant. Ayant mis sur pied une armée composée des Arabes de l'Ifrikiah et d'autres nations, il marcha sur Tlemcen. Il arriva sous les murs de cette place, l'an 645 de l'hégire. Ses troupes étaient si nombreuses, que la plaine paraissait trop étroite pour les contenir : les archers à eux seuls formaient un corps d'armée de trente mille hommes. Après avoir assigné à ses troupes la position que chacune d'elles devait occuper, il ordonna à ses archers de faire une décharge sur une figure de chat qui leur servait de cible ; malgré la petitesse de cette figure, elle se trouva percée de plus de vingt flèches. L'habileté des archers jeta l'épouvante dans le cœur des combattants de la place et découragea les habitants. L'émir des Moslim, ayant alors demandé quels étaient les peuples qui occupaient les différents postes, apprit que c'étaient les Arabes qui avaient été chargés d'attaquer la porte Bab-Alÿ ; renonçant à la défense de la place, il se retira avec ceux des combattants qui se trouvaient près de lui, et sortit de sa capitale par la porte susdite, accompagné de ses femmes et de ses trésors. Les Arabes vinrent l'attaquer, mais ayant éprouvé son courage et sa valeur, ils le laissèrent passer. Yaghrmorâcen se retira dans les montagnes des Beni Ournid.

Abou-Zakaria, étant entré dans la place, en offrit le gouvernement aux officiers de son armée qui, tous, le refusèrent dans la crainte de s'attirer bientôt sur les bras les armes de l'émir des Moslim, Yaghrmorâcen. Le prince Hafside dit alors : « Tlemcen n'aura pas d'autre maître que son ancien souverain. » Il envoya donc proposer la paix à Yaghrmorâcen, l'engageant à revenir dans sa capitale; il évacua lui-même la place et la laissa occuper par son nouvel allié. Ils firent ensemble un traité par lequel ils s'engagèrent à réunir leurs armes contre les Beni Abd' el-Moumen; de plus, il lui donna à titre de fief plusieurs villes de l'Ifrikiah, dont le revenu total se montait à cent mille dinars : cet argent devait servir à combattre la ligue que les princes Almohades pourraient former contre eux.

Cette pension fut payée annuellement à lui et à ses successeurs jusqu'à la mort tragique d'Abou-Teschifeyn et à la conquête du royaume de Tlemcen par les Beni Meryn.

Pendant que l'émir Abou-Zakaria était en route pour retourner dans ses états, il donna aux tribus berbères des Toujjin, des Maghrawah et des Mellikech, des rois qu'il plaça comme un mur de séparation entre lui et l'émir des Moslim, Yaghrmorâcen. Lorsque Saïd apprit tout ce qui s'était passé entre les deux princes, et sut la ligue qu'ils avaient formée contre lui, il jura de se rendre maître de tous leurs états. Il partit donc de Maroc à la tête d'une armée formidable. Les Beni Meryn, ayant fait leur soumission, lui livrèrent des otages et se joignirent à son expédition. Lorsque l'émir des Moslim apprit l'importance des forces qui avaient été rassemblées contre lui, il quitta de nouveau les murs de sa capitale et chercha un refuge dans le château de Temzizdict. Saïd résolut de mettre le siége devant cette place. Ayant établi son camp sur les bords de l'Isly, il envoya de là inviter l'ennemi à rentrer dans l'obéissance et à le reconnaître pour son suzerain en frappant la monnaie à son coin et en le faisant nommer dans la khotbah. Ces propositions ayant été rejetées, Saïd marcha contre Yaghrmorâcen et s'engagea dans les gorges des montagnes où était situé le château, excitant lui-même ses troupes à braver tous les obstacles pour arriver jusqu'à l'ennemi. L'émir des Moslim lui livra bataille à la tête des combattants de sa tribu et des autres peuples qui l'avaient suivi, et avec l'aide de Dieu, il remporta la victoire sur l'ennemi. Saïd fut tué dans la mêlée par la main d'Youssef ben-Khazroun. L'émir des Moslim ordonna qu'on emportât la tête du sultan Almohade et qu'on la fît voir à sa mère; c'est que cette princesse avait d'abord voulu que son fils se soumît au sultan de Maroc, mais Yaghrmorâcen lui avait juré de lui apporter la tête de son ennemi et Dieu fit que le serment du roi se trouvât réalisé. Ceci arriva un jour de mardi, à la fin du mois de safar de l'année 646.

Le visir Abou'l-Hassan ben-Khelas, gouverneur de Sebtah, s'était révolté contre Saïd et avait reconnu pour son souverain l'émir des Moslim, Yaghrmorâcen. Lorsque le sultan Almohade marcha sur Tlemcen, Abou'l-Hassan envoya des éclaireurs de divers côtés pour se tenir à l'affût des nouvelles. On vint lui annoncer la victoire d'Yaghrmorâcen le dimanche suivant, six jours après la bataille, et le lendemain matin, lundi, un poète lui apporta une cacydah où il disait :

« Heureuse nouvelle ! la victoire ne s'est pas
» longtemps fait attendre ; nous devons la célé-
» brer par des réjouissances et des noces.

» La fortune, après s'être montrée longtemps
» dure et implacable, a daigné enfin nous
» sourire.

» Victoire ! c'est un événement dont la pensée
» remplit les esprits de stupéfaction, tant il était
» loin de notre attente et de nos pensées !

» Victoire ! telle qu'une pluie abondante, elle
» fait jaillir aux yeux de tout le monde nos vœux
» réalisés.

» Telle qu'un astre bienfaisant, son éclat a
» dissipé nos ténèbres.

» Victoire ! la porte du bonheur vient de s'ou-
» vrir devant notre souverain, et ses glorieuses
» destinées commencent à s'accomplir.

» Le succès a mis le comble à ses souhaits.
» Victoire ! elle a fait couler la vie dans le cœur
» des mortels.

» Elle a passé telle que le souffle du zéphyr ;
» en nous secouant légèrement, elle a fait
» exhaler autour de nous les parfums et les
» odeurs les plus suaves. »

Ce poème est fort long ; nous en avons cité seulement ce qui convient à notre sujet et ce qui en forme, pour ainsi dire, la moelle ; le reste, nous l'avons laissé de côté.

Par cette victoire, l'émir des croyants s'étant placé, dans l'opinion publique, au même rang que le roi de Maroc, vit sa puissance s'accroître, son empire s'agrandir et sa réputation portée au loin. Mais c'est Dieu qui dispose du pouvoir en souverain arbitre, qui l'octroie à qui il lui plaît, et qui, après cette vie, accorde à ceux qui le craignent une récompense sans fin. Parmi les trésors et les objets précieux qui tombèrent entre les mains d'Yaghrmorâcen dans cette célèbre journée, l'on cite le collier unique, une coupe en émeraude et le koran d'Othman ben-Affan, exemplaire que ce khalife avait copié de sa propre main. Le khalife le tenait entre ses mains lorsqu'il reçut le coup de la mort; des gouttes de sang tombèrent sur ces paroles du Très-Haut : *Or, Dieu te suffira contre eux*, et sur celles-ci : *et ils coupèrent les jarrets à la chamelle*. Après la mort d'Othman, ce koran tomba dans la possession des Beni Omeyah, qui le conservèrent pendant toute la durée de leur règne. Lorsque les Beni 'l-Abbès, ayant levé l'étendard de la révolte, se furent emparés du pouvoir et eurent mis à mort les Beni Omeyah partout où ils purent les découvrir, Abd' er-Rahman, fils de Moawiah, fils de Hécham, fils d'Abd' el-Melik, s'enfuit vers le Maghreb, entra ensuite en Espagne où il réussit à faire reconnaître son autorité. Dans cet intervalle, sa sœur, Oumm' el-Asbagh, qui était restée en Syrie, lui faisait passer, l'un après l'autre, les objets précieux et les trésors de sa famille. Or, parmi ces objets, se trouva le koran d'Othman qu'Abd'er-Rahman légua à la grande mosquée de Cordoue. L'imam faisait, chaque jour, après la prière du matin, une lecture de la parole de Dieu dans ce vénérable exemplaire. Il resta déposé dans cette mosquée jusqu'à la conquête de l'Espagne par Abd' el-Moumen ben-Aly qui l'emporta à Maroc, capitale de ses états. Il fit enlever la couverture qui était simplement en basane et voulut qu'elle fût remplacée par deux planchettes dans lesquelles on avait incrusté des lames d'or; ces lames étaient ornées de perles fines, de rubis, d'émeraudes les plus précieuses que le sultan avait pu se procurer. Les fils et successeurs de ce prince, marchant sur ses traces, se plurent à enrichir la couverture de nouveaux joyaux, de nouvelles pierreries de grand prix, en sorte qu'à la fin les planchettes se trouvèrent entièrement recouvertes d'ornementation. Pendant les nuits du Ramadhan, ces princes se faisaient apporter le précieux volume et s'en servaient pour faire leurs lectures d'usage. Lorsqu'ils partaient pour une expédition, ils avaient soin de le porter avec eux, afin qu'il attirât sur leur tête les bénédictions du Ciel.

L'ordre qu'ils observaient dans leur marche était admirable et mérite d'être décrit. La première chose que l'on voyait paraître, c'était une grande bannière blanche fixée à une hampe extrêmement longue que l'on portait devant l'émir. Venait ensuite le vénérable exemplaire du koran, porté sur le plus beau dromadaire que l'on avait pu trouver, et renfermé dans un coffre de forme carrée qui était recouvert de soie et surmonté d'une palme la plus élégante qui fût. A chacun des coins du coffre était fixée une petite bannière que le moindre vent faisait flotter, et à défaut de vent, le seul mouvement du dromadaire qui marchait. Il était suivi d'un mulet des plus dégagés qui portait une grande caisse recouverte également d'étoffe de soie et renfermant le Mowatta, Al-Bokhary, Moslim, Termedhy, Nissey et Abou-Daoud. Venait enfin le sultan à la tête de l'armée; les troupes marchaient à la suite, à droite, à gauche et par derrière. Or, dans la journée où succomba l'infortuné Saïd, le précieux exemplaire du livre sacré devint la proie du soldat. On enleva les ornements qui le couvraient, ouvrage du temps et des années; ainsi dépouillé, il fut jeté comme objet de rebut. Un homme l'ayant trouvé par hasard, l'apporta à Tlemcen où, sans en connaître la valeur, il l'exposa en vente. Le courtier parcourait le marché en criant : « à dix-sept dirhem le livre, à dix-sept dirhem ! » Un officier qui avait vu auparavant l'ouvrage, l'ayant reconnu, courut chez l'émir Yaghrmorâcen. Sur ces entrefaites, quelques-uns prévinrent les ordres du roi et prirent le volume pour le lui porter. Yaghrmorâcen commanda qu'on gardât le volume avec le plus grand soin, qu'on veillât à sa conservation et qu'on en payât le prix. En vain le sultan Al-Mortadhy qui régna à Maroc après Saïd; en vain Al-Mostanser, roi de Tunis, et Ibn' el-Ahmar, roi d'Espagne, cherchèrent-ils à voir le volume sacré; en vain multiplièrent-ils leurs efforts pour en faire l'acquisition; ils quittèrent tous cette vie avec le regret de n'avoir pu réaliser leurs vœux. Il est resté, après la mort de ces princes, dans la possession de ceux que Dieu avait choisis pour cela. C'est parce que nos souverains appartiennent à la sainte famille qui a reçu le koran d'en haut, qu'ils ont mérité l'honneur de se transmettre de père en fils ce précieux héritage. Néanmoins je dois avouer que, de nos jours, on ignore ce que cet exemplaire est devenu. L'on croit communément qu'il a disparu de Tlemcen lors de la domination des Beni Meryn. Au surplus, Dieu seul possède une connaissance parfaite de la vérité.

Yaghrmorâcen était un prince attaché à la religion, vertueux, ami du bien et de ceux qui le pratiquent. C'est lui qui fit construire le minaret de la grande mosquée d'Agadyr, ainsi que celui de la grande mosquée de Tagrart ou Tlemcen-la-Neuve. A cette occasion, on le pria d'ordonner que son nom fût inscrit sur ces deux monuments ; il refusa de le faire, en disant : « Il me suffit que Dieu ait connaissance de mon œuvre. » Il réunissait souvent autour de lui les hommes qui se distinguaient par la sainteté de leur vie, aimant à les entendre, à conférer avec eux, et il leur faisait aussi de fréquentes visites. Il se transporta dans les montagnes d'Ifrischen, illustrées à cette époque par le séjour du célèbre Waly-Abou'l-Beyan, afin de demander au saint homme sa bénédiction et obtenir qu'il priât pour lui et sa postérité. Il recherchait les hommes de science, il les encourageait partout où il les rencontrait ; il les invitait à venir s'établir dans sa capitale, et les y accueillait avec la considération et les égards qui leur étaient dus. L'un des plus savants qui aient fleuri sous son règne, c'est Abou-Ishac Ibrahym, fils d'Iakhlef, fils d'Abd' es-Salam et-Tenessy. De l'Ifrikiah, de Tlemcen, l'on se rendait à Tenez, sa patrie, pour le consulter sur des cas de jurisprudence. L'émir des fidèles, Yaghrmorâcen, lui avait écrit maintes et maintes fois pour l'engager à venir résider à Tlemcen ; Abou-Ishac et-Tenessy avait toujours refusé. La révolte des Maghrawah et les troubles qui en furent la suite, le forcèrent à se réfugier momentanément dans les murs de cette capitale. Les jurisconsultes de Tlemcen se réunissaient auprès de lui, et il leur faisait un cours de droit. L'émir des Moslim ayant eu avis de la présence de ce savant à Tlemcen, monta à cheval et se rendit en personne auprès de lui. Il le trouva dans la grande mosquée entouré des juriconsultes de la ville ; s'approchant alors de lui, il lui adressa ces paroles : « Je ne suis venu ici, que pour te témoigner le vif désir que j'éprouve de te voir fixé dans notre capitale pour toujours, afin que tu y répandes la science. Nous prenons sur nous de pourvoir à tous tes besoins. » Le vœu exprimé par la bouche du roi étant celui de tous les jurisconsultes, ceux-ci représentèrent au savant étranger combien Yaghrmorâcen était digne d'obtenir la faveur qu'il demandait; ils lui dirent quel bien son séjour définitif produirait à Tlemcen, avec quelle joie il serait accueilli par tout le monde; ils le conjurèrent enfin de se rendre à leur désirs. Abou-Ishac leur répondit : « Si je retourne à Tenez pour ramener ici ma famille, je m'expose à recevoir des reproches et des injures. — Nous ne permettrons point, lui dit l'émir des Moslim, que tu retournes dans ta patrie; nous y enverrons du monde pour ramener ta famille. » C'est en effet ce qui eut lieu. L'émir des Moslim lui assigna plusieurs fiefs, entre autres celui de *Tiranescht,* lequel, après l'extinction de sa postérité, fut accordé aux deux fils de l'Imam. Il était revêtu de la plus haute dignité de l'État, et le roi n'avait pas besoin d'un autre conseiller que lui, pour la direction des affaires. Il occupa le même rang et remplit les mêmes fonctions à la cour de l'émir des Moslim, Abou-Saïd, fils et successeur d'Yaghrmorâcen. Ce fut sous le règne de ce prince qu'il mourut. Le sultan Abou-Saïd honora de sa présence les obsèques de son ministre. Abou-Ishac fut le phénix de son siècle par son savoir et sa piété. On lui attribue une foule de miracles qu'on peut lire dans Al-Khatyb ben-Marzouk. Son tombeau, qui se voit à Hubbed, est pour cette localité une source de bénédictions.

Il avait un frère nommé Abou'l-Hassan qui était, comme lui, versé dans la science de la jurisprudence et fidèle observateur des pratiques de la religion. Celui-ci quitta l'orient où il se trouvait, pour venir se fixer à Tlemcen auprès d'Abou-Ishak. Lorsque ce dernier mourut, il hérita de sa place et de ses honneurs.

Comme l'émir des Moslim passait pour un prince ami de la science et protecteur des savants, cette réputation, s'étant répandue en Espagne, attira à sa cour un homme de ce pays, qui était le coryphée des littérateurs, le premier des katib de son siècle, je veux dire Abou-Bekr-Mohammed, fils d'Abd-Allah, fils de Daoud, fils de Khattab. Yaghrmorâcen l'accueillit avec honneur et distinction ; puis il le plaça près du tapis de sa puissance, et l'attacha à sa personne en qualité de premier secrétaire d'Etat. Le haut rang qu'Ibn-Khattab a occupé dans la science et particulièrement dans la branche des belles-lettres, est connu de tout le monde. Ibn-Reschyd, qui nous a donné la biographie complète de ce grand homme, dit en parlant de lui : « Avec lui s'est perdu l'art de rédiger en prose rimée les dépêches des princes. »

Quant à l'état d'hostilité dans lequel Yaghrmorâcen fut avec les Arabes et les Zénêtah, il serait difficile de trouver dans l'histoire quelqu'un qui ait autant guerroyé que ce prince. Cela prouve l'élévation de son âme et la grandeur de son courage. L'auteur du *Boghriet-er-Rowad* nous apprend que le roi de Tlemcen fit contre les Arabes seuls soixante-douze expéditions, et presque autant contre les Toujjyn et les Maghrawah.

Il avait fait demander à l'émir Abou-Ishak, fils de l'émir Abou-Zakaria, roi de Tunis, la main de sa fille pour son fils, le prince Abou-Saïd. Comme le prince Hafside donna son consentement à ce mariage, l'émir des Moslim, Yaghrmorâcen, envoya à Tunis son fils Abou-

Amer, pour qu'il amenât la jeune princesse et l'accompagnât jusqu'à Tlemcen. Quelque temps après, Yaghrmorâcen partit lui-même pour aller au-devant de la jeune fiancée, voulant la recevoir avec tous les honneurs dus à son rang et témoigner ainsi au père combien cette alliance lui était chère. Ce fut à Milianah qu'il rencontra la princesse et sa suite. De là, ayant rebroussé chemin, il revenait à Tlemcen, et était arrivé sur les bords du Rihou, affluent du Chelif, lorsque le terme de sa vie marqué par les destins arriva. Il mourut à la fin du mois de dhou'l-kâadah de l'année 681. Abou-Amer, voulant tenir la mort de son père secrète, le fit porter dans une litière fermée de tous côtés, comme s'il avait été malade, et s'avança à grandes journées vers Tlemcen. Etant arrivé près de l'Isser, où il trouva l'émir Abou-Saïd qui venait à la rencontre du cortége, il fit enfin connaître la perte que le royaume venait de faire. Yaghrmorâcen mourut à l'âge de 76 ans, après un règne de 44 ans, 5 mois et 12 jours.

CHAPITRE II.

Règne d'Abou-Saïd Othman, fils d'Yaghrmorâcen.

Yaghrmorâcen eut pour successeur sur le trône son fils, le prince très-fortuné, le magnanime, le très-glorieux, celui qui était doué d'une âme très-élevée, qui avait des mœurs douces et agréables, celui qui s'est illustré par de belles actions, l'émir des Moslim, Abou-Saïd Othman, célèbre surtout par le nombre des victoires qu'il remporta, par l'importance des citadelles et des places qu'il soumit à son pouvoir. On lui prêta serment d'obéissance dans les premiers jours de dhou'l-hidjjah de l'année mentionnée ci-dessus. Marchant sur les traces de son illustre père, il renonça à la vie douce et tranquille du foyer, pour courir après les hasards et s'exposer à toutes les fatigues et aux chances de la guerre; son unique pensée fut d'élever très-haut l'édifice de sa gloire et de sa renommée, et il ne songea qu'à attaquer ses ennemis jusqu'à ce qu'il les eût fait tous rentrer dans le devoir. C'est ainsi qu'il tua dans un combat Ibn-Abd'el-Kawy, roi des Toujjyn, qu'il arracha à cette tribu les villes de Wenscheris et de Médéah, qu'il enleva aux Maghrawah les villes de Mazounah, de Tenez, de Breschk, et força leur roi Ibn-Thâbit ben-Mendyl à s'enfuir par mer. Après ces expéditions, il assiégea Bougie, ravagea les jardins et les campagnes voisines, et livra aux flammes les villages dépendant de cette cité, ce qui détermina le souverain de Tunis à lui envoyer des présents et à lui demander la paix.

Ensuite il attaqua les Arabes qu'il poursuivit jusqu'à Teghalim, dans le Sahara, en sorte que, pour échapper à ses mains, ils furent forcés d'envahir les contrées circonvoisines. Youssef ben-Yacoub le mérinite ayant entrepris contre lui cinq expéditions, fut battu dans les quatre premières; mais, à la cinquième, étant venu avec une armée innombrable, il s'empara de toutes les provinces et places fortes du royaume;

Tlemcen seule resta au pouvoir d'Abou-Saïd. Alors, le prince mérinite construisit, non loin de la capitale, une ville ceinte d'un mur; il y érigea des palais, des bains, des fondoucs, des places et des marchés, et lui donna le nom de *Tlemcen la Neuve*; il serra la place de très-près, et le blocus fut tel, que jamais on n'avait vu le pareil.

Voici ce qui avait donné lieu au courroux qui l'animait contre l'émir Abou-Saïd. Abou-Amer, fils du sultan Yacoub, avait formé secrètement une conjuration contre son père avec le visir Ibn-Attou, et avait levé l'étendard de la révolte dans la ville de Maroc. Comme son père était venu l'y assiéger, il s'était enfui de la ville avec Ibn-Attou, et ils étaient allés tous les deux chercher un asile dans la ville de Tlemcen, où le sultan Abou-Saïd les avait accueillis avec honneur et distinction. Quelque temps après, Abou-Amer, ayant obtenu le pardon de son père, était retourné auprès de lui. Abou-Yacoub avait demandé alors au roi de Tlemcen de lui livrer le visir Ibn-Attou, ce qu'Abou-Saïd, qui ne voulait pas manquer aux devoirs de l'hospitalité, n'avait pas craint de lui refuser.

Le roi mérinite avait commencé le siége de Tlemcen, l'an 698. Abou-Saïd mourut pendant le siége, l'an 705, d'une attaque d'apoplexie qui le surprit dans le bain. Il avait régné 21 ans.

CHAPITRE III.

Règne d'Abou-Zeiyan Mohammed.

Après la mort du sultan Abou-Saïd, on proclama, pour lui succéder, son fils, le prince glorieux, considéré, noble, très-illustre, très-brave, l'émir des Moslim, Abou-Zeiyan Mohammed, qui se signala par son courage et son activité, soit en attaquant les assiégeants, soit en défendant contre eux ce qu'il avait de plus cher et de plus sacré au monde; malheureusement son règne ne fut pas de longue durée; car, pendant le siége de Tlemcen, il fut attaqué d'une maladie qui l'enleva à la défense de sa patrie et mit fin à ses jours.

CHAPITRE IV.

Règne du sultan Abou-Hammou Moucé Ier.

Après Abou-Zeiyan Mohammed, le trône fut occupé par son frère, le prince très-illustre, très-heureux, très-fortuné, celui que Dieu le Très-Haut délivra de l'adversité, en faisant se lever sur lui l'astre du bonheur, en sorte que l'on vit la joie et la prospérité succéder tout à coup aux souffrances et à l'infortune, l'émir des Moslim, Abou-Hammou Moucé, fils d'Othman, qui eut la gloire d'affermir la colonne du pouvoir souverain prête à s'écrouler, de réprimer les révoltes, et d'attaquer les ennemis les plus braves, comme les armées les plus nombreuses. Durant le siége de Tlemcen, les habitants eurent à endurer les privations les plus dures et les maux les plus insupportables, à cause de la cherté des vivres, de la mort des combattants, et de la surveillance continuelle qu'il fallait exercer sur ceux dont on craignait la fuite. Le sel s'y vendait deux dinars la livre; il en était de même de l'huile, du beurre, du miel et de la viande. On raconte que le prix d'une poule n'y était pas moindre de huit dinars d'or. Pour se procurer du bois et cuire les aliments, les Tlemcinois furent réduits à démolir leurs maisons et à en enlever les poutres et les solives. La plupart désertèrent la ville, en sorte qu'en dernier lieu elle ne comptait plus que deux cents habitants. Les guerriers, qui étaient réduits au nombre d'environ mille hommes, faisaient tous les jours des sorties contre les assiégeants et combattaient à pied faute de cavalerie. L'auteur de l'ouvrage intitulé: *Dorer el Ghorer*, dit: « Les assiégeants ne se battaient jamais avec les assiégés, sans que ces derniers ne remportassent la victoire; j'ai vu moi-même les guerriers tlemcinois marcher intrépidement contre les cavaliers ennemis, les mettre en pleine déroute et leur rendre impossible le retour au combat, ce qui a excité en moi la plus grande admiration pour leur bravoure. » Il y avait huit ans et trois mois que le siége durait, lorsque Dieu le Très-Haut inspira au célèbre waly Abou-

Zéïd Abd' er-Rahman el-Hazammiry la pensée
de quitter la ville d'Aghmat où il vivait, et de
se rendre auprès d'Youssef, fils d'Yacoub, qui
était occupé au siége de Tlemcen, et résidait
dans la ville nouvelle qu'il avait fondée. Abou-
Zéïd engagea le sultan à se retirer et à aban-
donner le siége ; il l'excita à suivre son avis
et insista même là-dessus. Le roi mérinite, qui
ne voulait pas entendre parler de cet abandon,
déclara plusieurs fois qu'il ne pouvait se rendre
à l'avis qui lui était donné. Le saint, désespérant
de changer la résolution du roi, se retira alors
en colère en disant : « Eh bien ! puisque le roi
refuse ma demande, un événement heureux me
l'accordera. » Et il partit pour le Maghreb. Or,
Youssef, fils d'Yacoub, avait mis à mort l'Alfakih, le docte Abou-Aly el-Méliâny, et, s'étant
emparé de tous ses biens, il était devenu
possesseur d'un eunuque du nom de *Sohâdah*,
qu'Abou-Aly el-Méliâny avait élevé lui-même
et avait toujours traité en frère. Sohâdah avait
été relégué parmi les autres eunuqués qui servaient le roi, et l'on n'avait aucun égard à son
éducation ni à ses antécédents. Le mercredi,
7 de dhou'l-kâadah de l'année 700, l'eunuque

en question étant entré dans l'appartement où le roi dormait, se sentit poussé à venger la mort de son ancien maître, et il lui plongea un couteau dans le ventre. La mort d'Youssef, fils d'Yacoub, fut pour les habitants de Tlemcen la faveur la plus grande que le Ciel pût leur accorder. Sur ces entrefaites, Al-Hazammiry était allé à Fez, où il s'était installé dans la mosquée connue sous le nom de *Djâmi' es-Sabiryn*. La nouvelle de la mort tragique du sultan s'étant répandue dans la ville, le domestique de l'waly vint lui dire : « Abou-Yacoub est décédé, et par sa mort Dieu a délivré les habitants de Tlemcen. Au nom de Dieu, nous pouvons donc retourner dans notre patrie. » L'waly lui répondit en parlant de lui-même : « Abd' er-Rahman aussi ne tardera pas à mourir. » En effet, peu de jours après, il rendit le dernier soupir. (Dieu lui fasse miséricorde!) On l'ensevelit dans le cimetière appelé le *Parterre des fleurs* (Raudet-el-Anouar), en face de la mosquée dite *Djâmi' es-Sabiryn*.

Lorsque Dieu eut ainsi exécuté son décret éternel sur Youssef, fils d'Yacoub, les habitants de Tlemcen se virent tout à coup délivrés de leurs maux. On dit que le blé qui, au commencement de la journée, s'y était vendu deux dinars et un quart le saah, ne valut plus, à la fin de la journée, que le huitième d'un dinar. Loué soit Celui qui exerce sa miséricorde envers ses serviteurs et qui seul est Dieu !

En disant que le sultan Abou-Zeiyan était mort durant le siége, et que le roi mérinite Youssef, fils d'Yacoub, avait été tué sous le règne d'Abou-Hammou, nous avons suivi le récit de l'auteur du *Dorer el Ghorer* dont l'autorité est d'un très-grand poids, puisqu'il a été lui-même présent au siége de Tlemcen; mais, suivant l'auteur du *Boghriet-er-Rowad*, la mort d'Youssef arriva durant le règne du sultan Abou-Zeiyan.

Youssef, fils d'Yacoub, ayant ainsi péri, le pouvoir fut occupé par Abou-Sâlim que le sultan avait eu d'une esclave. Cela fut cause qu'Abou-Thâbit, fils d'Abou-Amir, dont il a été parlé ci-dessus, ne voulut pas le reconnaître. En effet, celui-ci envoya dire au sultan Abou-Hammou que, s'il consentait à lui reconnaître le droit d'avoir les timbales, les enseignes et une armée aussi nombreuse qu'il pourrait se la procurer, et que lui, de son côté, vînt à bout de vaincre son oncle, il lui restituerait toute la contrée des

Beni Abd' el-Wâdy et qu'ils vivraient en paix le reste de leurs jours. Le roi de Tlemcen n'hésita pas à souscrire à cette proposition. Après cela, Abou-Thâbit, ayant remporté une victoire décisive sur son oncle qui périt dans le combat, il quitta le territoire de Tlemcen, remplissant fidèlement les conditions qu'il avait lui-même proposées.

Après son départ, les premiers actes du gouvernement d'Abou-Hammou furent de détruire la ville fondée par Youssef, fils d'Yacoub, et de réparer les dommages que la place avait soufferts pendant le siége. Il releva les murailles, restaura les ouvrages de défense, fit nettoyer les fossés et pourvut immédiatement la ville de vivres, de peaux d'animaux, de sel, de blé, de bois et de munitions de toute sorte. Ensuite, il s'occupa de rétablir l'autorité royale, et fit plusieurs expéditions en personne contre les Toujjyn et les Maghrawah qui avaient secoué le joug de son obéissance pendant le siége. Il parvint à les faire rentrer dans le devoir et exigea d'eux des otages près de la rivière du Chelif; de là, il envoya dans l'est son affranchi Mossâmeh, lequel soumit Mettidjah, se rendit maître d'Alger, et humilia les Mellikesch. Puis, ayant appris que le sultan Abou-Saïd le mérinite avait formé le projet de marcher sur Tlemcen, il se hâta de rentrer dans sa capitale. Sur ces entrefaites, Abou-Saïd qui s'était mis en marche, s'était arrêté sous les murs d'Outchdah pour y assiéger son frère Yahisch; mais celui-ci était sorti secrètement de la ville et s'était réfugié à Tlemcen.

Abou-Hammou était de retour dans la capitale de ses états, lorsque Râched, fils de Raschid, fils de Mohammed le Maghrawy profita de son absence pour lever, à Chelif, l'étendard de la révolte. Le roi marcha en personne contre le rebelle, et laissa, pour le remplacer à Tlemcen, le prince Abou-Teschifeyn, son fils. Or Râched avait gagné à son parti les Beni Abou-Saïd, et ceux-ci lui avaient accordé aide et protection. L'émir des Moslim, étant venu dans leur pays, se vit contraint de mettre le siége devant leur principale place : ce fut alors qu'il bâtit dans le voisinage la citadelle qui porte encore son nom. A la fin, Râched s'enfuit de la place, alla chercher un refuge chez les Zouawah, et se retira dans les pays qui reconnaissaient la domination des Almohades. En conséquence, Masseoud, fils d'Abou-Amir, fils d'Yaghrmorâcen et Mohammed, fils d'Youssef, également fils d'Yaghrmorâcen, qui étaient tous les deux cousins-germains du sultan, reçurent ordre avec son affranchi Mohammed de partir à la tête de troupes considérables pour soumettre le pays des Almohades, mettre le siége devant Bougie et conquérir les contrées qui s'étendaient à l'est de la ville. Il envoya à la tête d'une autre armée composée seulement d'Arabes, Moucé ben-Aly-el-Ghozzy du côté du Sahara, pour inviter les habitants à embrasser son parti et à se joindre à lui. Ces trois corps d'armée, après avoir soumis les populations qui se rencontrèrent sur leur passage, se réunirent sous les murs de la ville de Bone; puis reprenant le chemin de l'occident, ils ravagèrent la montagne qui domine Constantine. Après cela, la jalousie vint semer la discorde parmi les chefs, en sorte qu'ils furent sur le point de tourner leurs propres armes les uns contre les autres. Lorsqu'ils eurent opéré leur jonction avec Abou-Hammou, à Chelif, Moucé ben-Aly-el-Ghozzi, donnant libre cours à la haine dont il était animé contre Mohammed ben-Youssef, le desservit auprès du sultan, qui le destitua de sa place de gouverneur de Milianah. Mohammed ben-Youssef demanda alors au roi la permission d'aller voir à Tlemcen le prince Abou-Teschifeyn qui était fils de sa sœur et, par conséquent, son neveu. Abou-Hammou la lui accorda ; mais il écrivit en même temps à son fils de jeter Mohammed en prison, dès que celui-ci serait arrivé. Un pareil ordre révolta le prince Abou-Teschifeyn qui se contenta de renvoyer son oncle maternel à l'armée de l'émir des Moslim. Lorsque Mohammed se présenta au roi, il n'eut pas de peine à s'apercevoir qu'on ne lui faisait pas l'accueil ordinaire ; il entendit même sortir de la bouche des personnes qui assistaient à l'entrevue, des propos désagréables sur son compte. Cela le détermina à se retirer à Médéah où il leva l'étendard de la révolte avec une fraction des Toujjyn et le reste des habitants de la contrée.

Abou-Hammou retourna enfin à Tlemcen, courroucé contre son fils Abou-Teschifeyn qui avait refusé de se conformer à l'ordre qu'il lui avait intimé au sujet de son oncle. Ce mécontentement fut la source de tous les malheurs qui arrivèrent dans la suite. Abou-Hammou donna dès lors sa prédilection à son cousin Masseoud, fils d'Abou-Amir. En effet, dans toutes les cérémonies soit publiques, soit particulières, il faisait donner le pas à celui-ci sur son fils Abou-Teschifeyn et le plaçait à la tête des réunions et des assemblées. Cette préférence fut l'occasion dont Dieu se servit pour exécuter le décret qu'il avait porté de toute éternité. L'émir Abou-Teschifeyn avait pour courtisans les hommes les plus distingués parmi les non-musulmans, et, outre cela, plusieurs musulmans doués de sagacité et de hardiesse, tels que Hillel-el-Katalâny et autres. Comme ils avaient remarqué le profond chagrin que lui causaient les préférences accordées à son parent, ils lui conseillèrent de tuer Masseoud, de jeter son père dans les fers, et après s'être emparé du trône, de faire tout ce qui lui paraîtrait nécessaire pour s'y consolider. Ils lui firent voir combien l'exécution de ce projet serait facile, s'il voulait bien s'y prêter. Abou-Teschifeyn finit par se laisser persuader et donna son consentement.

Les conjurés choisirent pour l'exécution de leur dessein le mercredi, 22 de djomâda premier de l'année 718. S'étant donc dirigés vers le palais du sultan où se trouvaient alors réunis

Massoud, les Beni Melah et autres personnes de la cour, ils pénétrèrent jusqu'à eux les armes à la main. Dans la crainte que le sultan ne leur échappât, la première chose qu'ils firent, ce fut de le tuer, après quoi, ils se mirent en devoir de massacrer toutes les autres personnes A Dieu seul appartient l'empire.

La vie du sultan Abou-Hammou avait été illustrée par le nombre de ses hauts faits et par une conduite irréprochable. Il s'était également distingué par son goût pour la science et par le cas qu'il faisait de ceux qui la cultivaient. Ce fut après la mort d'Youssef, fils d'Yacoub, que les deux savants et célèbres Alfakih Abou-Zéïd et Abou-Moucé, fils de l'Imam, vinrent lui demander l'hospitalité à Tlemcen. La mort de son ennemi et la délivrance dont elle fut immédiatement suivie, lui permirent de s'adonner à l'étude avec plus de zèle et de la propager dans ses états. Il accueillit donc ces deux savants avec beaucoup d'honneur et de distinction, les combla d'égards et de faveurs et il leur construisit le collége qui porte encore leur nom. Il conférait souvent avec eux et il aimait à se trouver dans leur compagnie. Les deux Alfakih étaient natifs de la ville de Breschk ; ils avaient voyagé dans l'Orient où ils s'étaient livrés à l'étude des diverses sciences spéculatives. Ils avaient exercé des fonctions politiques à Damas, et avaient acquis une grande célébrité dans la Syrie, le Hedjaz et l'Egypte ; à la fin, poussés par l'amour de la patrie, ils étaient revenus dans l'Occident ; mais, ne voulant point se fixer dans leur ville natale, ils avaient poursuivi leur marche jusqu'à Tlemcen, où, comme nous venons de le dire, ils furent élevés au pouvoir, et où ils répandirent la connaissance des sciences, connaissance qui s'est propagée jusqu'à nos jours.

CHAPITRE V.

Règne d'Abou-Teschifeyn.

Le second jour après la mort tragique du sultan, on prêta serment de fidélité à son fils, le prince très-illustre, l'invincible, qui se défendait vaillamment; dont le sabre était redoutable; qui châtiait les coupables, domptait les rebelles et pardonnait à ceux qui se soumettaient, l'émir des Moslim, Abou-Teschifeyn. Il établit sa domination sur les populations nomades comme sur les populations sédentaires, et les descendants de Rebiah aussi bien que les Modharites furent forcés de reconnaître ses lois. Il lutta avec ses ennemis tant en orient qu'en occident et partout il les mit en déroute, les perçant de sa lance ou les frappant de son épée. Il embellit ses palais et ses châteaux. Il savoura la coupe du bonheur jusqu'au moment où son règne atteignit le terme de son existence, et où le destin, aidé par le temps, accomplit sur lui son arrêt et ouvrit à ses ennemis les places fortes de son royaume. Il se plaisait à construire dans sa capitale des hôtels magnifiques, à y élever de superbes palais, employant pour cela plusieurs milliers d'ouvriers et d'artisans qui se trouvaient parmi les prisonniers de guerre et dont les uns étaient menuisiers ou ébénistes, les autres maçons, les autres ouvriers en faïence peinte, les autres peintres et ornementistes ; c'est ainsi qu'il a laissé à la postérité des monuments comme n'en ont jamais élevé les souverains qui l'ont précédé, ni ceux qui sont venus après lui, monuments parmi lesquels nous devons citer le palais Royal, l'Hôtel de la joie, l'Hôtel d'Abou-Fihre, et le grand Sihridj ou réservoir. Tous ces édifices étaient destinés à servir aux plaisirs de ce monde et aux agréments de la vie. Abou-Teschifeyn possédait un arbre d'argent sur lequel on voyait toutes sortes d'oiseaux de l'espèce de ceux qui chantent. Un faucon était perché sur la cime. Lorsque les soufflets qui étaient fixés au pied de l'arbre étaient mis en mouvement et que le vent arrivait dans l'intérieur des oiseaux, ceux-ci se mettaient à gazouiller et faisaient entendre chacun son ramage qui était facile à reconnaître, à cause de sa ressemblance avec le naturel. Lorsque le vent arrivait au faucon, on entendait l'oiseau de proie pousser un cri, et à ce cri, les autres oiseaux interrompaient tout à coup leur doux gazouillement. Mais ce qui surpassait toutes ces merveilles, c'est le superbe et incomparable collége qu'il bâtit vis-à-vis de la grande mosquée et qu'il orna de tous les embellissements que l'on admirait dans sa demeure royale. Puisse l'Éternel lui savoir gré du mérite de son œuvre et lui accorder une abondante récompense!

A son goût pour les édifices somptueux, Abou-Teschifeyn joignait l'amour de la science et l'estime pour les savants à qui il témoignait un intérêt bienveillant et les attentions les plus empressées. La réputation qu'il s'était faite sous ce rapport attira auprès de lui, à Tlemcen, l'Alfakih, le docte, celui qui était versé dans toutes les branches des sciences, l'imam de la communauté, Abou-Moucé Himran-el-Meschdâly, l'homme de son temps qui connaissait le mieux la doctrine de Malek. Il reçut un accueil très-honorable du roi, qui continua de lui donner des preuves de sa bienveillance et de sa considération, et lui confia l'enseignement dans le collége-Nouveau. Le savant Alfakih Abou'l-Abbès Ahmed ben-Himran el-Bedjayi étant venu à Tlemcen pour y trafiquer, entra un jour dans le collége-Ancien et prit place parmi les disciples d'Abou-Zéïd fils de l'Imam. Il les trouva qui discutaient sur ce que dit Ibn-el-Hâdjeb dans son *Traité des principes* (El-Oçoul) au sujet de la définition de la science. Ils faisaient dire à cet auteur que l'attribut doit exprimer une détermination qui ne dise pas le contraire. Abou'l-Abbès se mit à dire tout haut : « Maître, une pareille définition n'est pas possible, car il y aurait contradiction entre la différence et le genre. » Le cheikh Abou-Zéïd répondit : « Qui est celui qui de sa place m'adresse cette observation ? — C'est votre ami Ahmed ben-Himran, » répliqua Abou'l-Abbès. — Avant de répondre à votre observation, ajouta le professeur, il faut que je remplisse à votre égard le devoir de l'hospitalité. » Après cela, il le mena dans sa maison où il lui fit l'accueil le plus honorable. Lui ayant demandé le but de son voyage, il apprit de lui

qu'il était venu pour des affaires commerciales. Alors Abou-Zéïd alla le présenter à l'émir des Moslim, Abou-Teschifeyn, lequel le dispensa, lui et les commerçants avec qui il était venu à Tlemcen, de payer les droits qui étaient imposés sur les marchandises, droits qui, pour son compte, se montaient à la somme de cent dinars. Le sultan, ajoutant à cette faveur, daigna lui faire une gratification de cent dinars d'or. Abou-Zéïd conduisit ensuite son ami chez son frère Abou-Moucé, à qui il désirait offrir ses salutations. « J'ai ouï dire, lui dit Abou-
» Moucé, que vous aviez adressé une question à
» mon frère; voudriez-vous bien me la faire
» connaître? » Comme Abou'l-Abbès la lui eut
» exposée: « O Alfakih, ajouta Abou-Moucé, Ibn-
» el-Hadjeb a dit : Le genre doit exprimer seule-
» ment une détermination générale (*Temyizin*),
» et la différence seulement une spécification
» (*Temayyozan*) et non une détermination géné-
» rale (*Temyizin*). »

La première chose qu'entreprit le prince Abou-Teschifeyn, ce fut d'assurer la paix à son royaume. Il marcha donc, en 719, contre Mohammed ben-Youssef, qui avait levé l'étendard de la révolte sous le règne précédent et avait attiré sur lui les armes du père du roi. Celui-ci se réfugia avec ceux qui avaient embrassé son parti dans les montagnes de Wenscheris où il se fortifia sur une colline du nom de *Toukkêl*. Le roi de Tlemcen, après les y avoir assiégés quelque temps, parvint à les forcer dans leurs retranchements, tua Mohammed fils d'Youssef et fit grâce à ceux qui avaient échappé à la première fureur du soldat. Il poursuivit ensuite ses conquêtes du côté de l'orient, tomba à l'improviste sur les Riah qu'il subjugua, et arriva enfin sous les murs de Bougie, d'où il reprit le chemin de sa capitale, après avoir porté haut sa renommée, étendu les limites de son empire, et imprimé la terreur de son nom aussi bien chez les populations nomades que chez les populations sédentaires. Chaque année, il équipait plusieurs corps d'armée, et il en donnait le commandement à ses généraux qui allaient faire des expéditions dans les pays des Almohades, mettaient le siége devant Bougie, Constantine, Bone, et réduisaient ces places à la dernière extrémité. Il ordonna à son général Moucé ben-Aly de bâtir une ville sur la rivière de Bougie ;

en conséquence, celui-ci fonda dans cet endroit la cité de Temzizdict dont il assigna à chacune de ses troupes un emplacement différent pour y élever des constructions. La cité fut achevée au bout de quarante jours ; plus de trois mille cavaliers purent s'y loger. Les Almohades virent ainsi leur territoire occupé par une armée considérable.

Ensuite, il envoya contre Tunis Yahia ben-Moucé el-Goumy et le fils d'Abou-Himran el-Fahsy à la tête d'une armée. Le roi des Almohades, Abou-Yahia, ayant marché à leur rencontre, essuya une horrible défaite. Ses femmes furent faites captives, ses trésors enlevés et son camp devint la proie du soldat vainqueur; blessé lui-même, il fut obligé de s'enfuir vers Constantine. Après cette victoire, les généraux d'Abou-Teschifeyn, poursuivant leur marche, arrivèrent enfin sous les murs de Tunis qui leur ouvrit ses portes : l'armée s'y reposa pendant quarante jours, au bout desquels elle s'en retourna dans le Maghreb.

Le gouvernement de la ville fut laissé au fils d'Abou-Himran. Sur ces entrefaites, l'émir Abou-Yahia envoya par mer son fils Yahia et son visir Ibn-Teferegguin auprès d'Abou-Saïd, roi de Fez, pour le supplier de faire cesser les hostilités exercées par le sultan Abou-Teschifeyn, et lui proposer en même temps de donner une de ses filles en mariage à son fils, l'émir Abou'l-Hassan. Le prince mérinite, ayant donné son consentement à ces propositions, envoya un ambassadeur au roi Abou-Teschifeyn, afin de l'engager à faire la paix avec les Almohades et à lever le siége de Bougie. Son intervention ne fut suivie d'aucun résultat. Dans le courant de cette même année le sultan Abou-Saïd eut pour successeur sur le trône son fils Abou'l-Hassan. Celui-ci voulut bien envoyer aussi des ambassadeurs à la cour de Tlemcen pour négocier la paix en faveur des princes Almohades avec qui il se trouvait allié du côté de sa femme; mais comme les ambassadeurs furent chassés honteusement, il se décida enfin à marcher sur Tlemcen.

Il occupa d'abord la ville de Tessêlah, où il s'installa avec ses troupes. De là, il envoya dire à son beau-père qu'il vînt de son côté attaquer Temzizdict. Le roi de Tunis marcha donc sur cette place à la tête d'une armée formidable. A son approche, tous ceux qui la défendaient prirent la fuite ; il s'en rendit maître, et la ruina de fond en comble.

Dans cet intervalle, le frère d'Abou'l-Hassan avait levé l'étendard de la révolte à Sedjelmessah. Cet événement força le sultan mérinite à retourner dans ses états pour faire rentrer le rebelle dans son devoir. Il le tua dans une bataille, rétablit la tranquillité dans le royaume, et retourna dans l'est, où il mit le siége devant Tlemcen. Il bâtit tout auprès de la place assiégée une ville qui se trouve aujourd'hui transformée en un champ cultivé. Ce ne fut qu'après un long siége et des attaques réitérées qu'il parvint à pénétrer dans la place. Le sultan Abou-Teschifeyn défendit longtemps l'entrée de la citadelle avec ses fils et son visir ; mais à la fin ils furent accablés par le nombre et périrent tous en combattant. Que Dieu leur fasse miséricorde ! Cela arriva le mercredi, 28 Ramadhan, l'an 737. Epouvantable revirement du sort ! triste et affreuse catastrophe ! L'empire zeïyanide fut alors complétement anéanti et l'on vit cette illustre maison jusque-là prospère tomber tout à coup dans la plus affreuse infortune ! A cette occasion, un poète chanta les vers suivants :

« Monde trompeur ! je t'ai voué ma haine ;
» monde, qui te plais à détruire la prospérité et à
» produire l'infortune.

» Plus nos jours se multiplient, mieux je re-
» connais la grandeur de ta perfidie.

» Le coup cruel et imprévu dont le sort m'a
» frappé a ouvert les yeux à ceux qui savent
» observer.

» L'esprit est consterné, quand il pense à cette
» nuit désastreuse que le jour n'avait enfantée
» qu'en se couvrant d'un voile de deuil.

» L'on a vu notre héros, tel qu'une lumière,
» resplendir un certain temps, puis s'éteindre ;
» c'est ainsi que le trépas met fin à la carrière
» brillante des grands hommes.

» Tant que les planètes rouleront dans l'es-
» pace, l'homme se verra exposé aux coups iné-
» vitables du sort.

» Maudit soit le malheur qui est venu fondre
» sur lui, et contre lequel, en dépit du destin, j'ai
» lutté soit en public, soit en secret !

» Calamité affreuse ! elle a fait palpiter tous les
» cœurs compatissants et les a plongés dans la
» douleur la plus profonde !

» Evénement déplorable ! il a rempli les
» oreilles d'horreur, les yeux de larmes et le
» cœur d'amertumes !

» Les mortels ont bu à la coupe de l'adversité,
» et ils sont tombés dans l'ivresse.

» Honneur du trône, joie des rois, grand
» capitaine, Abou-Teschifeyn marchait toujours
» à la tête d'une nombreuse armée.

» La mort nous a enlevé dans sa personne un
» guerrier brave, orné de toutes les bonnes
» qualités, bon pour ses amis, redoutable à ses
» ennemis.

» Chose étonnante ! la terre qui lui a donné
» le jour ne produit que des hommes de cœur et
» des braves.

» Du haut du paradis, les houris ont déjà jeté
» sur lui des regards de complaisance ; déjà elles
» lui ont témoigné leur doux contentement ;

» Ridouan s'est empressé de lui ouvrir la
» porte ; il a même couru à sa rencontre.

» Hélas ! sa mort cause à mon cœur une
» blessure profonde, car avec lui nous avons
» perdu notre guide ; c'est pour cela que je cé-
» lébrerai ses exploits.

» Il a fini les nuits de cette vie ; moi, je sou-

» pirerai après le moment de ma délivrance et
» j'attendrai avec impatience l'accomplissement
» des décrets du destin.

» Dans son malheur, il s'est glorieusement
» armé de courage et de patience, et quiconque
» s'arme de courage et de patience a plus
» mérité qu'un ennemi heureux.

» Peut-être sommes-nous à la veille de jours
» meilleurs; peut-être le temps de nos malheurs
» sera-t-il abrégé.

» Dieu bénisse son élu, l'illustre rejeton de
» Modhar, et cela, tant que les oiseaux feront en-
» tendre leur chant matinal sur les branches
» des arbres! »

CHAPITRE VI.

Occupation du royaume de Tlemcen par les Mérinites, sa restauration, et commencement de la dynastie de la branche cadette. Règne des deux sultans Abou-Saïd Othman et Abou-Thâbit ez-Zaïm.

Lorsque le sultan Abou'l-Hassan se fut rendu maître de Tlemcen, voulant compléter son triomphe et faire tourner à sa gloire la position des Beni Abd' el-Wâdy, il les enrôla sous ses drapeaux, les réunit aux Beni Meryn, les traita avec bienveillance, et leur laissa leur rang et leurs dignités. Ils se donnèrent pour émirs les deux frères Abou-Saïd et Abou-Thâbit, fils de l'émir Abou-Zéid, fils de l'émir Abou-Zakaria, fils du prince des Moslim, Yaghmorâcen : leur autre frère, Mouley Abou-Yacoub, avait dit adieu aux honneurs de ce monde et tourné toutes ses pensées vers le bonheur de l'autre vie. Lorsque le sultan Abou'l-Hassan partit pour l'Ifrikiah, les deux émirs l'accompagnèrent avec le reste des Beni Abd'el-Wâdy. Tunis et les principales places de ce royaume étant tombées au pouvoir du prince mérinite, les Beni Selym et leurs alliés, à qui il avait fait sentir la force et la supériorité de ses armes, s'unirent entr'eux par un traité d'alliance et prêtèrent serment de fidélité à l'émir Ahmed, fils d'Abou-Dabbous.

Abou'l-Hassan n'hésita pas à marcher contre eux. Ils étaient alors réunis dans les environs de Kairouan. Les deux armées ne tardèrent pas à se trouver en présence l'une de l'autre ; les Beni Abd' el-Wâdy avaient là une occasion favorable pour secouer le joug des Mérinites : ils ne la laissèrent pas s'échapper. Au moment où les Arabes, vivement attaqués, étaient sur le point de lâcher le pied, les troupes des Beni Abd'el-Wâdy passèrent toutes à l'ennemi, entraînant après elle tous les mécontents de l'armée mérinite. Cette défection, qui releva le courage des Arabes et doubla leurs forces, affaiblit considérablement l'armée du sultan et détermina sa défaite qui est devenue célèbre. A la suite de cet événement, les Beni Abd'el-Wâdy proclamèrent roi l'émir Abou-Saïd, l'un des deux frères dont il a été question, ce qui eut lieu au mois de rebie 1ᵉʳ, l'an 749. Les Beni Abd'el-Wâdy ayant ensuite fait alliance avec les Maghrawah et les Toujjyn, ils se mirent tous en marche vers l'occident : arrivés à Chelif, ils se promirent avec serment de se secourir, au besoin, les uns les autres, après quoi les Toujjyn et les Maghrawah se séparèrent des Beni Abd'el-Wâdy, qui restèrent fidèles à leur sultan.

L'émir Abou'l-Hassan avait donné le gouvernement de Tlemcen à Othman ben-Djerrar, de la famille de Beni-Tâa-Allah. Celui-ci, ayant appris que le sultan Abou-Saïd s'avançait vers la ville avec ceux de son parti, envoya pour le combattre son frère à la tête d'une armée : la rencontre eut lieu à Sickak. Ben-Djerrar fut tué sur le champ de bataille et quelques-uns des siens furent faits prisonniers. L'armée victorieuse se trouva bientôt sous les murs de Tlemcen. Le gouverneur prit le parti de demander l'aman, qui lui fut aussitôt accordé. Le sultan Abou-Saïd entra dans la capitale de son royaume dans le

mois de djomâda second de la même année.
Alors il apparut dans le ciel du khalifat comme
une pleine lune; il couvrit amplement sa nation et sa patrie du manteau de la paix et de la
sécurité; il orna la royauté, la para comme
une jeune épouse, et la plaça sur un trône magnifique et élevé. Il partagea les honneurs et
les charges de la royauté avec son frère, le lion
ami des combats, le héros incomparable et sans
égal, l'émir Abou-Thâbit. Entre leurs mains,
le pouvoir triompha de tous les obstacles et devint florissant; ils exercèrent le droit de commander et de défendre, atteignirent un haut
degré de gloire et de grandeur et jouirent de la
faculté de permettre et de prohiber. Par la gloire
de leur règne ils effacèrent le déshonneur qui
s'était attaché à leur noble famille et ils lui rendirent la joie que lui avait fait perdre la malveillance et la cruauté des hommes. Le droit de
battre monnaie et d'être nommé dans la khotbah
fut réservé au sultan Abou-Saïd; l'émir Abou-
Thâbit eut dans ses attributions les affaires de la
guerre et le commandement des armées. Ils se
témoignèrent, toute leur vie, le dévouement le
plus affectueux et le plus parfait que l'on puisse

voir ou entendre dire. Leur frère aîné, Mouley Abou-Yacoub, avait fixé sa demeure à Nédromah, après avoir renoncé aux dignités pour être plus libre dans le chemin de la vie spirituelle. Nous avons dit qu'ils avaient laissé le sultan Abou'l-Hassan dans l'orient. Ils venaient à peine d'affermir leur autorité dans leur capitale et de soumettre les places qui étaient dans leur voisinage, lorsqu'ils apprirent que ce dernier, accompagné de Wenzimmer ben-Aryf était arrivé par mer à Alger, que les Arabes de cette contrée et les Toujjyn avaient embrassé son parti et qu'ils s'avançaient vers l'occident, marchant sous ses drapeaux. L'émir Abou-Thâbit se mit aussitôt en campagne à la tête d'une nombreuse armée et se rendit auprès d'Aly ben-Râched el-Maghrawy à cause de l'alliance qui existait entre eux. S'étant rencontrés à Taghyt-Ounfyf, ils conférèrent ensemble sur la manière dont ils devaient attaquer leur ennemi commun. L'émir Abou-Thâbit s'engagea à attaquer Abou'l-Hassan, et Aly ben-Râched promit de tenir tête à En-Nâcir, fils du roi mérinite. Les deux partis en vinrent aux mains dans un endroit appelé Tighzyren. On se battit de part et d'autre avec un acharnement des plus horribles. L'armée d'El-Maghrawy fut mise en déroute, mais l'émir Abou-Thâbit, déployant un courage sans exemple, parvint à rompre les rangs de l'ennemi et à déterminer sa défaite. Abou'l-Hassan fut forcé de prendre la fuite, laissant sur le champ de bataille son fils En-Nâcir et les grands de son royaume. Si l'obscurité de la nuit n'était pas venue mettre un terme à la fureur des combattants, il est certain qu'Abou'l-Hassan n'aurait pu échapper au carnage. Dans sa fuite, il se dirigea du côté du Sahara où il entra avec Wenzimmer ben-Aryf.

Ayant débouché sur le territoire de Sedjelmessah sans s'arrêter dans cette ville, il poursuivit sa route vers le Maroc. L'émir Abou-Thâbit ramena dans sa capitale ses troupes victorieuses chargées d'un riche butin. Quelques temps après cet événement mémorable, les Maghrawah, ayant assassiné dans un guet-apens quelques-uns des Beni Abd' el-Wâdy, ils forcèrent Abou-Thâbit à marcher contre eux. Comme ils s'étaient fortifiés sur la montagne qui domine la ville de Tenez, il vint les y assiéger, et au bout de quelque temps il prit d'assaut la citadelle dans laquelle ils s'étaient renfermés. Aly ben-Râched, ayant alors cherché un refuge dans Tenez, attira sur cette place les armes de l'émir qui s'en empara de vive force. Aly ne put survivre au triomphe de son ennemi : il se tua de ses propres mains. Avec lui finit l'empire fondé par les Beni Thâbit ben-Mendyl. Après cela, l'émir Abou-Thâbit, s'étant rendu maître successivement de Breschk, de Méliánah, d'Almédéah et d'Alger, il reprit le chemin de sa capitale.

Pendant qu'Abou-Thâbit assiégeait les Maghrawah, le sultan Abou-Inan lui avait écrit pour intervenir en leur faveur et l'engager à lever le siége; celui-ci n'avait tenu aucun compte de la démarche officieuse du prince mérinite. Lors donc qu'il apprit la mort d'Aly ben-Râched el-Maghrawy et le peu de cas que l'on avait fait de son intervention, il entra en fureur et se disposa aussitôt à marcher sur Tlemcen. Le bruit de ses préparatifs de guerre étant parvenu à Tlemcen, les deux sultans se préparèrent à aller à la rencontre de l'ennemi et formèrent une armée avec les troupes qu'ils recrutèrent parmi les Arabes de l'orient et les tribus berbères de cette partie de leurs états; ces peuples, trop confiants dans leur force et leur bravoure, s'avancèrent jusque dans le pays des Angad à la rencontre de l'ennemi et allèrent camper près d'Isly. La bataille se livra sur les bords de l'Oued el-Kassab (la rivière des roseaux). Au plus fort de l'action, les Beni Amer, ayant lâché le pied, furent la cause de la défaite de l'armée. Le sultan Abou-Saïd, étant tombé avec son cheval, fut pris et tué (Que Dieu lui fasse miséricorde!). Ceci arriva le samedi onze du mois de djomâda 1ᵉʳ, l'an 753 de l'hégire. L'émir Abou-Thâbit battit en retraite avec ses troupes et rentra à Tlemcen où l'on passa une journée. Ensuite l'avis unanime des émirs arabes étant qu'il fallait se retirer à Alger, on se mit en marche pour cette ville, où la majeure partie des troupes de leurs tribus et un grand nombre de leurs partisans qui habitaient cette contrée, vinrent se joindre à eux. L'émir Abou-Thâbit se mettant à la tête de cette armée, marcha contre son ennemi qui s'avançait vers l'orient; il rencontra les troupes des Beni Meryn près du Chelif; les deux armées se battirent avec un acharnement incroyable. Les Beni Meryn avaient commencé à céder le terrain et à reculer, lorsque Wenzimmer ben-Aryf avec les cavaliers arabes qu'il commandait, exécuta une charge contre les Beni Abd' el-Wâdy et leur fit tourner le dos ; cette action fut suivie de la défaite complète des Beni Abd' el-Wâdy. A Dieu seul appartient le pouvoir souverain. Abou-Thâbit prit la fuite avec le fils de son frère, Mouley Abou-Hammou et le visir Yahia, fils de Daoud, fils d'Aly. C'est alors qu'il leur arriva ce que nous avons raconté dans le chapitre deuxième de ce livre. L'émir Abou-Thâbit ayant été fait prisonnier, fut amené devant Abou-Inan. Le sultan mérinite lui dit : « Que penses-tu des braves des Beni Meryn ? — Parbleu, lui répondit Abou-Thâbit, si vous êtes victorieux, vous ne le devez qu'à votre bonne étoile ; car, pour la bravoure, vous savez par expérience que nous en avons plus que vous. » Le sultan ordonna ensuite que l'émir fût livré aux Beni Djerrar qui, pour se venger de lui, le firent mourir le 15 ramadhan de la même année. Le règne des deux sultans avait duré quatre ans et un mois. C'est à Dieu seul qu'appartient l'immortalité ; soit-il loué et exalté !

Mouley Abou-Hammou, s'étant séparé de son oncle, le sultan Abou-Thâbit, de la manière que nous venons de le raconter, continua sous un costume d'emprunt, sa route vers l'orient et arriva enfin à Tunis où le sultan Abou-Ishak, fils d'Abou-Yahia, fils d'Abou-Zakaria, lui assigna un rang élevé parmi les gens de la cour et le traita en tout d'une manière digne d'un souverain. Le sultan Abou-Inan ne tarda pas à marcher sur l'Yfrikiah. Il se rendit maître de Constantine et de Bone, puis il envoya une flotte à Tunis. A l'arrivée de cette flotte, Abou-Ishac se réfugia dans le Djeryd, où il fut accompagné par Mouley Abou-Hammou. Ils revinrent ensuite dans l'Yfrikiah, lorsque les Beni Meryn eurent quitté cette contrée. Pendant qu'Abou-Hammou se trouvait à Tunis, il vit arriver auprès de lui Saghir ben-Amer, qui venait avec ceux de sa tribu se mettre sous ses ordres ; cet exemple fut bientôt après suivi par une troupe de Zénêtah. Etant ensuite partis tous ensemble pour l'occident, ils se rendirent dans les montagnes d'Ayadh, d'où ils tournèrent leurs pas vers le Zab et Ouerghela. Arrivés là, ils entreprirent la conquête du pays de Ouled-Aryf. Après avoir poursuivi cette tribu pendant dix jours et dix nuits sans s'arrêter, ils l'atteignirent enfin près de l'Oued-Mellel. Ils pillèrent les tentes et les troupeaux et tuèrent beaucoup d'hommes, entre autres Othman, fils de Wenzimmer ben-Aryf. Cette victoire fut comme le premier sourire de la fortune qui commençait à se déclarer en leur faveur ; elle fut bientôt après suivie de la nouvelle de la mort d'Abou-Inan, événement qui vint mettre le comble à leur joie, parce qu'il y avait longtemps qu'il faisait l'objet de leurs vœux. Abou-Hammou fut proclamé sultan par les Arabes et ceux des autres peuples qui l'accompagnaient, le 5 moharrem de l'année 760. Ils marchèrent ensuite à grandes journées et atteignirent enfin les bords de l'Oued-Mekerrah. La nouvelle de leur arrivée, se transmettant de bouche en bouche, fut bientôt connue dans toutes les parties de l'ancien royaume de Tlemcen. Les habitants vinrent se joindre à eux de tous les côtés, et ils marchèrent tous ensemble sur la capitale où était Mohammed, fils d'Abou-Inan. Arrivés sous les murs de la place, ils se mirent aussitôt à en faire le blocus. Après plusieurs jours de siége, pendant lesquels il se livra plusieurs combats, ils parvinrent enfin à pénétrer dans le quartier d'Agadyr. Les Beni Meryn, voyant cela, demandèrent l'aman qui leur fut accordé, après quoi ils livrèrent la ville et prêtèrent serment de fidélité à Mouley Abou-Hammou. Celui-ci fit son entrée dans la capitale de son royaume après la prière du dhohr, le jeudi, 1er du mois de rebie el-aoûel de la même année. L'empire est dans la main de Dieu qui l'octroie à qui il veut.

CHAPITRE VII.

Règne du sultan Abou-Hammou Moucé II.

Abou-Hammou Moucé (Dieu soit satisfait de lui!) étant ainsi entré dans sa capitale, s'installa dans le palais de la royauté et de la gloire; il se mit en possession de l'héritage de ses pères qui avaient régné autrefois en qualité de khalifes. Il avait recueilli pour cela toutes ses forces et déployé la plus grande diligence; dans cette noble entreprise, les fers de ses lances ne s'étaient point émoussés, ni la lance de sa résolution n'avait été ébréchée, mais il était allé de l'avant, comme va quiconque est sûr du succès, et il avait poursuivi son dessein avec la constance d'un homme que ne peuvent atteindre ni le dégoût ni l'ennui. Après avoir traversé les plaines et gravi les côtes, franchi les monts et les vallées, il avait enfin atteint avec le secours de Dieu le but qu'il désirait et s'était installé dans

la capitale de l'empire de ses ancêtres. « Alors,
» comme dit le poète, il jeta loin de lui son
» bâton de voyage et mit un terme à ses lon-
» gues courses. Il éprouva la joie que sent le
» voyageur quand il revoit enfin sa patrie. »

Il était petit-fils de l'émir Abou-Zakaria Yahia, fils de Yaghrmorâcen. Yaghrmorâcen avait désigné Yahia pour être son successeur sur le trône; mais il eut la douleur de le voir mourir avant lui. Il avait coutume de dire, quand il le voyait: « C'est la postérité de ce fils-ci qui un jour res-
» taurera le trône des Beni Abd' el-Wâdy, et
» c'est par elle que notre empire se perpétuera
» jusqu'à la fin des temps. » Abou-Zakaria avait gouverné sept ans la ville de Sedjelmessah en qualité d'émir. Il mourut à Tlemcen, laissant un fils nommé Abou-Zéid Abd' er-Rahman, qui excitant la défiance de son oncle Abou-Saïd, fut relégué en Espagne où il périt dans une bataille entre les infidèles et les musulmans. Il avait acquis dans ce pays de grandes richesses. Il laissa après lui trois fils, savoir: Mouley Abou-Yâcoub, qui était l'aîné; Mouley Abou-Saïd et Mouley Abou-Thâbit, lesquels se distinguèrent en Espagne dans la guerre contre les infidèles par plu-

sieurs actions mémorables. Ce fut dans cette contrée que vint au monde Mouley Abou-Hammou, l'an 723. Cette même année, le sultan Abou-Teschifeyn, ayant invité les trois frères à venir s'établir à Tlemcem, les revêtit des plus hautes dignités de l'empire et leur assigna de fortes pensions. Cela dura jusqu'à ce qu'il arrivât à chacun d'eux ce que nous avons mentionné plus haut. Lorsque Mouley Abou-Hammou eut consolidé les bases de son autorité et qu'il eut arraché les rênes du pouvoir des mains de ceux qui l'avaient usurpé, il s'appliqua à gouverner avec sagesse les habitants de son royaume; il mit à la disposition de tous l'auguste balance de son équité et consacra ses moments soit à donner satisfaction à ceux qui avaient recours à lui, soit à dégaîner l'épée pour venger les droits de la religion, soit à montrer son indulgence à l'égard des défauts de la multitude, soit enfin à faciliter à tous le moyen de se rendre agréables à Dieu et à son envoyé. Les charmants écrits en prose auxquels il donna le jour et les excellents poèmes qui sortirent de sa plume, le placèrent au-dessus des princes les plus éloquents; son savoir dans les sciences intellectuelles et traditionnelles

éclaira le monde entier par l'éclat de ses nombreuses compositions; par sa vigilance et ses soins, il endormit la fureur de la guerre, et l'ardeur de sa bravoure éloigna le chagrin du cœur des cavaliers. Durant la paix, il se plaisait à répandre partout le bien-être et l'aisance et il donnait un libre cours à sa bienfaisance et à sa libéralité; les raisons que lui fournissait son esprit pénétrant détruisaient les alarmes les plus vives du désespoir; sa douceur désarmait la haine et la colère. « Proche parent du prophète,
» a dit de lui un poète, noble rejeton de l'oncle
» de l'élu de Dieu, héritier du pouvoir fondé
» par l'illustre maison de Koreisch et d'Adnan,
» il monta sur le trône, et dans lui les belles et
» grandes actions trouvèrent un guide, par lui
» la vertu eut un marché achalandé et la justice
» une impartiale balance. »

Il composa pour son fils Abou-Teschifeyn, héritier présomptif du trône, un ouvrage de morale politique, qu'il intitula : *Chapelet de perles, ou livre dans lequel on traite du gouvernement des souverains*. Il fit entrer dans ce travail les matériaux les plus curieux et les plus rares; il l'orna de vers de sa composition, si admirables, qu'ils font oublier tout ce que la magie licite (la poésie) a produit de plus beau. Il observait avec fidélité l'anniversaire de la naissance de l'Élu de Dieu, et il célébrait cette fête avec beaucoup plus de pompe et de solennité que toutes les autres. Pour cela, il faisait préparer un banquet auquel étaient invités indistinctement les nobles et les roturiers. L'on voyait, dans la salle où tout le monde était réuni, des milliers de coussins rangés sur plusieurs lignes, des tapis étendus partout, et des flambeaux dressés de distance en distance, grands comme des colonnes. Les grands de la cour étaient placés chacun selon son rang, et des pages, revêtus de tuniques de soie de diverses couleurs, circulaient autour d'eux, tenant des cassolettes où brûlaient des parfums, et des aspersoirs avec lesquels ils jetaient sur les convives des gouttes d'eau de senteur, en sorte que dans cette distribution chacun avait sa part de plaisir et de jouissance. Ce qui excitait surtout l'admiration des spectateurs, c'était la merveilleuse horloge qui décorait le palais du roi de Tlemcen. Cette pièce de mécanique était ornée de plusieurs figures d'argent d'un travail très ingénieux et d'une structure solide. Au-dessus de la caisse s'élevait un buisson et sur ce buisson était perché un oiseau qui couvrait ses deux petits de ses ailes. Un serpent qui sortait de son repaire, situé au pied même de l'arbuste, grimpait doucement vers les deux petits qu'il voulait surprendre et dévorer. Sur la partie antérieure de l'horloge étaient dix portes, autant que l'on compte d'heures dans la nuit, et à chaque heure une de ces portes tremblait en frémissant; deux portes plus hautes et plus larges que les autres occupaient les extrémités latérales de la pièce. Au-dessus de toutes ces portes et près de la corniche l'on voyait le globe de la lune qui tournait dans le sens de la ligne équatoriale et représentait exactement la marche que cet astre suivait alors dans la sphère céleste. Au commencement de chaque heure, au moment où la porte qui la marquait faisait entendre son frémissement, deux aigles sortaient tout à coup du fond des deux grandes portes et venaient s'abattre sur un bassin de cuivre dans lequel ils laissaient tomber un poids également de cuivre qu'ils tenaient dans leur bouche : ce poids, entrant dans une cavité qui était pratiquée dans le milieu du bassin, roulait dans l'intérieur de l'horloge. Alors le serpent, qui était parvenu au haut du buisson, poussait un sifflement aigu et mordait l'un des petits oiseaux, malgré les cris redoublés du père qui cherchait à les défendre. Dans ce moment, la porte qui marquait l'heure présente, s'ouvrant toute seule, il paraissait une jeune esclave, douée d'une beauté sans pareille, portant une ceinture en soie rayée. Dans sa main droite, elle présentait un cahier ouvert où le nom de l'heure se lisait dans une petite pièce écrite en vers ; elle tenait la main gauche appliquée sur sa bouche comme quand on salue quelqu'un khalife. Dans l'intervalle des heures, un musicien chantait en vers les louanges du prince des envoyés, de celui qui est le sceau des prophètes, notre seigneur et patron Mohammed (que Dieu le bénisse et le salue!). Vers la fin de la nuit, on apportait des tables servies, qui par leur forme ressemblaient à de pleines lunes et par leur splendeur, à des parterres fleuris. Elles étaient chargées des plats les plus exquis et les plus variés ; il y en avait pour satisfaire tous les goûts, faire l'admiration de tous les yeux, charmer toutes les oreilles par leurs noms, exciter l'appétit et l'envie de manger à ceux qui n'en auraient pas éprouvé auparavant le besoin, les engager à s'approcher et à prendre part au festin commun. Le sultan passait la nuit entière au milieu des convives, qu'il se plaisait à voir et à entendre; il ne les quittait qu'après la prière du matin dont il s'acquittait dans le lieu même de la réunion. C'est de cette manière que se passait la nuit de l'anniversaire de la naissance de l'élu de Dieu (Que Dieu le bénisse et le salue !), pendant tout le temps que dura le règne d'Abou-Hammou.

Puisse le Très-Haut le récompenser de la bonne action qu'il a opérée en cela! Puisse-t-il lui accorder une place distinguée dans le séjour des bienheureux! Amen. Ce roi pieux, dans tout le cours de son règne, ne laissa jamais passer la fête du Mauled sans composer un poème en l'honneur de l'élu de Dieu (Que Dieu le bénisse et le salue !). Dans la réunion solennelle dont nous venons de parler, il était d'usage que le musicien officiel commençât par réciter ce qu'il avait lui-même préparé pour la circonstance; ensuite, si quelqu'un avait apporté à la sublime cour une composition poétique sur le même sujet, il se mettait à la réciter. Dans l'une de ces fêtes sacrées, on récita en l'honneur du prophète le magnifique poème d'Abou-Hammou, qui commence par ces mots :

« Arrêtons nos pas au milieu des édifices voû-
» tés, etc. »

Parmi les pièces qui furent présentées à la sublime cour du sultan, à l'occasion du Mauled, nous citerons comme l'une des plus remarquables, celle d'un littérateur de cette époque, très-distingué, très-fécond et versé dans toutes les branches des connaissances humaines, Abou-Abd'Allah Mohammed ben - Youssef et-Thaghrary, dans laquelle, tout en célébrant les louanges de l'élu de Dieu, il n'oublie pas de faire aussi l'éloge de Mouley Abou-Hammou et de son fils Mouley Abou-Teschifeyn, qui n'était encore alors qu'héritier présomptif de la couronne. Le poème commence ainsi :

« Le secret de l'amour se trahit par les larmes,
» et les larmes, quand elles coulent, sont un
» langage muet, mais éloquent. » etc.

Or le nombre des poèmes sortis de la plume de Mouley Abou-Hammou ou composés à son sujet, est si grand que si nous voulions les rapporter tous, nous sortirions des bornes que nous nous sommes imposées dans cet ouvrage. S'il plaît à Dieu, lorsque nous aurons achevé ce travail, nous les recueillerons dans un livre qui sera consacré spécialement à ce but. Quant à ses campagnes contre les Arabes et les Zénêtah, et aux batailles qu'il leur livra; quant à l'humiliation des gouverneurs des Beni Meryn, qui furent amenés à lui chargés de chaînes; à ses entreprises contre les pays soumis à la domination de ces derniers; aux invasions que ceux-ci firent dans ses Etats et à tous les combats qui eurent lieu entre les deux partis, nous n'en dirons rien dans ce recueil, parce que tout cela se trouve amplement décrit dans l'auteur du *Boghriet-er-Rowad* et dans celui du *Zahr el-Bostan*, et qu'il est inutile que nous nous étendions là-dessus.

Pour ce qui concerne l'intérêt que ce sultan portait à la science et à ceux qui la cultivent, il nous serait impossible de raconter tout ce que son zèle lui inspira sous ce rapport. C'est sous son règne que florissait à Tlemcen le docte imam, celui qui était versé dans toutes les branches des sciences et que l'on pouvait comparer à un vaste océan pour l'étendue de ses connaissances, le noble parmi les savants et le savant parmi les nobles, Abou-Abd'Allah Mohammed, fils d'Ahmed, fils d'Aly, fils d'Yahia, fils de Mohammed, fils d'Al-Kassem, fils de Hamoud, fils de Sabt-Edrys, fils d'Edrys dont nous avons parlé précédemment. Abou-Hammou avait pour lui de l'amitié et de l'estime; il lui donnait en toute circonstance, des marques d'attachement et de vénération. Abou-Abd'Allah était, en effet, le phénix de son siècle, soit pour la piété, soit pour le savoir, soit pour le génie; utile à ses semblables par son enseignement pendant sa vie, il les sert encore par ses écrits après sa mort. Quand le roi avait quelque affaire grave à traiter avec les cours étrangères, c'est lui qu'il envoyait pour la négocier; il avait aussi recours aux bénédictions attachées à l'auguste maison du schérif pour conjurer les malheurs qui le menaçaient. Ce fut pour Abou-Abd'Allah qu'il fit construire le magnifique collége dont il dota la capitale. Pendant qu'on le bâtissait, son père Mouley Abou-Yâakoub étant venu à mourir à Alger dans le mois de schâaban de l'an 763, il fut transporté à Tlemcen et enseveli près de la porte qui a nom *Beb-Ylan*. Quelque temps après, le roi ayant fait exhumer le corps de son père, le déposa à côté des deux frères du défunt, les sultans Abou-Saïd et Abou-Thâbit; enfin, lorsque le collége fut achevé, il y fit transporter les dépouilles mortelles de ces trois princes. Il assura l'existence du nouvel établissement par de nombreux legs; il y assigna des revenus considérables et y mit à la tête de l'enseignement le schérif Abou-Abd'Allah. Pour rendre hommage à la science et marquer le cas qu'il en faisait, il assista accroupi sur une natte, à la première leçon qui y fut donnée par le professeur; à la fin de la leçon il fit dresser l'acte par lequel il constituait en faveur du collége les revenus dont il vient d'être question. Après cela, il fit cadeau à chaque écolier d'un habillement complet, et donna un festin à tous les assistants. Comme Dieu lui accorda la grâce de vivre assez longtemps pour voir le jour où le schérif Abou-Abd'Allah acheva d'expliquer l'auguste Koran, il se fit encore un bonheur d'assister à la leçon de clôture. A cette occasion, il donna un nouveau festin, et ce jour fut pour tout le monde une fête solennelle.

Ensuite on fit des délations contre lui à l'héritier présomptif du trône, son fils Abou-Teschifeyn, au sujet de certaines choses qu'il s'était permis de dire sur le compte de celui-ci. Espérant détruire le mauvais effet produit par ces délations, il se décida à abdiquer le pouvoir souverain en faveur de son fils Abou-Teschifeyn et s'embarqua pour l'orient, faisant croire qu'il partait pour le pèlerinage de la Mecque. Mais ayant débarqué à Bougie, il revint bientôt sur ses pas, marcha sur Tlemcen à la tête d'une armée composée de tous les Arabes et Zénêtah qui habitaient la partie orientale de ses Etats. A son approche Mouley Abou-Teschifeyn prit la fuite, craignant le châtiment de certains actes injustes dont il s'était rendu coupable envers ses frères Il se réfugia à Fez où il lui fut permis de lever des troupes parmi les Beni Meryn. Ayant rassemblé une armée formidable, il en reçut le commandement du sultan mérinite Ahmed, qui lui adjoignit l'émir Zeyan, fils d'Omar el-Wattassy, après quoi ils se mirent en mouvement vers Tlemcen. La nouvelle de leur marche étant parvenue dans cette capitale, Mouley Abou-Hammou se mit en campagne avec le peu de troupes qu'il avait auprès de lui et s'avança à la rencontre de son fils. Les deux armées se rencontrèrent dans les montagnes des Beni Ournyd. On se battit de part et d'autre avec un acharnement incroyable; mais à la fin, le cheval de Mouley Abou-Hammou étant venu à s'abattre sous lui, le sultan fut tué (Que Dieu lui fasse miséricorde !). Cet événement, qui eut lieu le premier de dhou'l-hidjjah, l'an 791, jeta la consternation dans les cœurs et fut un sujet de deuil pour tout le monde.

CHAPITRE VIII.

Règne du sultan Abou-Teschifeyn Abd' er-Rahman,
fils d'Abou-Hammou Moucé.

Ensuite fut proclamé sultan le prince accompli, le lion intrépide, le plus grand et le plus illustre des rois par sa naissance et sa noblesse, de tous les souverains le plus digne du pouvoir et le plus apte à commander, le plus pur, le plus célèbre, le plus fort, le plus remarquable par sa prudence et sa sagesse, le plus heureux dans ses entreprises, le plus sincère dans ses paroles, le plus puissant; celui dont l'administration était marquée au coin de l'équité, qui était doué d'un mérite éminent; celui dont l'éloge courait dans toutes les bouches, dont la libéralité était inépuisable, le gouvernement absolu et la félicité sans bornes; celui qui faisait chaque jour un pas de plus vers le faîte de la gloire, notre seigneur Abou-Teschifeyn, fils de notre seigneur Abou-Hammou. Cet auguste monarque eut le bonheur de voir son règne s'illustrer, son pouvoir s'accroître, son nom inspirer le respect, ses sujets vivre heureux et prospères, ses états s'enrichir de nouvelles contrées, sa renommée se répandre et voler partout. Il soumit à son joug les Arabes et les Berbères; il étendit sa domination depuis les bords de la Moulouyah jusqu'aux montagnes sauvages du Zan. Comme aîné de la famille, il était le favori de son père, qui lui témoignait plus d'attachement et d'affection qu'à ses autres enfants. Il était né au commencement de rebie 1er de l'an 752, dans la ville de Nédromah, où Abou-Hammou se trouvait alors avec son père Abou-Yâakoub qui s'était retiré du monde pour se livrer aux exercices de la vie spirituelle. Après la bataille dans laquelle fut tué son oncle, le sultan Abou-Saïd, et la fuite de son père Mouley Abou-Hammou avec Mouley Abou-Thâbit, il resta à Nédromah auprès de son aïeul. Le sultan Abou-Inân avait ordonné qu'on ne leur fît aucun mal. Il dit en parlant de Mouley Abou-Yâakoub: « Il est de l'élite des hommes

» et du nombre de ceux qui ont enfilé la voie de
» la sainteté et des bonnes œuvres. » Il les envoya
à Fez, où ils furent traités avec honneur et distinction.

L'année où Abou-Hammou se rendit maître de Tlemcen et congédia le gouverneur mérinite après lui avoir accordé l'aman, ainsi que nous l'avons rapporté plus haut, les Beni Aryf ben-Yahia, partisans des rois de Fez, s'étant réunis sous un même drapeau, s'avancèrent vers le Sahara où ils joignirent les Beni Meryn. Ceux-ci les engagèrent à se mettre en campagne et à marcher sur Tlemcen. L'émir des Beni Meryn, Abou-Bekr, fils d'Abou-Inân surnommé Saïd, étant encore jeune et tenu d'ailleurs en tutelle par l'assassin de son père, Hassan fils d'Omar el-Ferdoudy, on envoya avec les Beni Arif ben-Yahia une armée dont le commandement fut confié à Masseoud ben-Rahhou el-Ferdoudy. Les deux partis se livrèrent bataille hors des murs de la ville d'Outchdah. Masseoud avec ses mérinites ayant été mis en déroute, cet échec mit la division dans leur parti ; ils répudièrent l'autorité de l'émir Saïd et prêtèrent, pour la plupart, serment de fidélité à Mansour ben-Soleyman, fils d'Abd'el-Wâhed, fils d'Yâakoub, fils d'Abd' el-Hack. Ensuite ils envoyèrent à Tlemcen faire des propositions de paix ; un traité d'alliance ayant été alors conclu entre Mouley Abou-Hammou et les Beni Meryn, ceux-ci reprirent tranquillement le chemin de l'occident. Lorsqu'ils furent arrivés dans la capitale de leur empire, la première pensée de Mansour ben-Soleyman fut d'être agréable à son allié ; en conséquence il envoya à Mouley Abou-Hammou, son fils et son vénérable père, en les comblant de marques d'honneur. Ceux-ci arrivèrent à Tlemcen le 17 de redjeb ; ce fut pour tout le monde un véritable jour de fête.

Dix-sept jours après leur retour, Mouley Abou-Yâakoub se mit en campagne à la tête d'une armée considérable, se dirigeant du côté de l'orient, afin d'arracher ces contrées aux gouverneurs nommés par les Beni Meryn. Il soumit la vallée du Chelif, fit la conquête de Mélianah, d'Almédéah, d'Alger et mourut dans cette dernière ville, comme nous l'avons dit précédemment. Sous le règne d'Abou-Hammou, Mouley Abou-Teschifeyn avait brillé, à la cour, de l'éclat de la lune, quand elle est pleine, et il avait été pour son père comme une fleur nouvellement éclose, orgueil de l'arbre qui lui a donné le jour. Chargé par lui de combattre les ennemis du royaume, il n'avait cessé de les revêtir du manteau du trépas. Lorsque déclaré héritier du trône, il avait été investi du pouvoir de défendre et de commander, il avait posé les bases de sa grandeur et choisi pour matériaux de son édifice les belles et nobles actions. Telle avait été la conduite de ce prince avant l'accomplissement des faits que nous avons racontés plus haut.

Lorsqu'il fut monté sur le trône, il devint une source de bienfaits, de largesses et de libéralités, une mine de vertus et de bonnes mœurs, une puissance élevée à son plus haut degré; âme grande, cœur noble, il courut après la gloire des belles actions et il l'obtint à l'aide du tranchant de son épée, de la pointe de sa lance. Il retraça dans sa conduite tout ce que son père avait dit ou fait de mémorable; il se conforma aux exemples que celui-ci avait donnés, et en tout il le prit pour son modèle et sa règle. Marchant à la tête de son armée, il franchit plusieurs fois les frontières du royaume dont il avait hérité de ses ancêtres; il entreprit des expéditions tantôt dans les contrées voisines, tantôt dans les régions lointaines, et par la force des armes il fit rentrer dans le devoir les populations qui à l'orient ou à l'occident osèrent lever l'étendard de la révolte contre leur souverain légitime.

Il célébrait la nuit anniversaire de la naissance de l'élu de Dieu (que Dieu le bénisse et le salue!) avec la plus grande pompe, et il donnait à cette fête la même solennité que son vertueux père. A cette occasion on lui présentait des poèmes où les éloges prodigués à son auguste personne étaient si magnifiques et si brillants, qu'ils effaçaient par leur éclat ceux qui ont immortalisé le nom de Seyf ed-Daulah et de Schems'el-Mahâly. Les récompenses qu'il accordait aux auteurs étaient telles que jamais, dans les âges antérieurs, on n'avait entendu dire qu'on en eût donné d'aussi grandes. Parmi ces poèmes, l'un des plus beaux et des plus ravissants est celui qui fut apporté à sa sublime cour par Abou-Abd'Allah Mohammed ben-Youssef et-Thaghrary, à l'occasion du premier Mauled que célébra le sultan au commencement de son règne, poème dans lequel l'auteur mêle aux louanges du prophète l'éloge d'Abou-Teschifeyn et d'Abou-Hammou et tâche de consoler le sultan de la perte récente de son père. Cette cacydah, l'une des meilleures qui soient sorties de la plume d'Abou-Abd'Allah et-Thaghrary commence ainsi :

« Pour une âme, chercher à s'ennoblir, c'est
» la véritable gloire ; mais la plus belle parure
» dont on puisse l'orner, c'est la vertu. »

La nuit du septième jour du même Mauled étant arrivée, le sultan (que Dieu exalte sa gloire !) voulut qu'elle fût célébrée avec la même solennité que le premier jour et même avec plus d'éclat. Abou-Abd'Allah Mahommed ben-Youssef et-Thaghrary vint lui présenter une nouvelle cacydah dans laquelle il loua pareillement Abou-Teschifeyn et son noble rejeton, l'héritier présomptif du trône, Mouley-Abou-Thâbit, aïeul de notre seigneur El-Motawekkel (que Dieu le protége !). Elle commence par ce vers :

« J'ai beau abreuver mon cœur à la source
» qu'il aime, il est toujours altéré, bien que de
» temps à autre cela soulage son tourment. »

Ce khalife (que Dieu exalte sa gloire !) déployait dans ses attaques la bravoure d'un lion ; pareil à un nuage fécond, il ne cessait de répandre sur ses sujets la pluie de ses largesses; il réunissait dans sa personne des qualités si brillantes qu'elles surpassaient tout ce qu'on peut s'imaginer ; il était revêtu du manteau de la prospérité le plus splendide ; avec l'aide de Dieu, il illustra son nom par les actions les plus glorieuses et les plus éclatantes. Sa justice et sa protection s'étendaient également à tous ses sujets ; il répandait sur tous ses bienfaits et ses grâces.

La durée de son règne fut de trois ans, quatre mois et seize jours, règne de paix, de bonheur et de tranquilité. Abou-Teschifeyn termina sa glorieuse carrière sur le trône de la domination, le 17 du mois de rebie second de l'année 795.

Que la miséricorde de Dieu repose sur lui !

En le ravissant aux hommes, la fortune fit succéder les ténèbres à la lumière et une nuit profonde à la clarté d'un beau jour. On peut appliquer à notre prince ces vers d'Imad ed-Dyn.

« La religion marche dans les ténèbres depuis
» que l'astre qui jetait sur elle ses rayons, s'est
» éclipsé; le monde est plongé dans le deuil :
» son souverain n'est plus. »

« L'islam pleure son protecteur, l'empire son
» gardien et le défenseur de ses places fortes. »

« Combien grande est la puissance du destin
» puisqu'il a pu porter un tel décret, infliger un
» tel coup ! »

« Combien perfide est la fortune, elle qui
» a mis toute honte de côté et s'est montrée
» cruelle ! Il n'y a vraiment dans ce monde que
» vanité et illusions. »

CHAPITRE IX.

Règne du sultan Abou-Thâbit Youssef.

Après la mort du sultan Abou-Teschifeyn, on prêta serment de fidélité à son fils, le prince du plus haut degré d'énergie et de capacité, le cavalier le plus distingué de l'hippodrome, la pupille de l'œil du temps, le tranchant affilé du sabre, la perle la plus précieuse du collier, l'apogée de la loyauté et de l'honnêteté, le collier de la perfection, l'arbre planté sur la route pour servir d'abri aux voyageurs, la montagne de calme et de majesté, le parterre de noblesse émaillé de fleurs délicieuses, l'émir éminent par sa clémence et sa modération, sa bienfaisance et sa générosité, qui gagna les cœurs par ses bienfaits et captiva les esprits par son éloquence et le don de la parole, Mouley Abou-Thâbit, l'aïeul de notre seigneur et sultan régnant, Al-Motawekkel.

Installé sur le trône de l'empire dont ses qualités le rendaient digne, il surpassa les espérances que l'on avait déjà conçues de lui ; malheureusement la fortune, qui est si inconstante, se hâta de le trahir et de le perdre, en sorte que les destinées ne répondirent point à son attente et que le pivot sur lequel il tournait fut brisé par le sort ; en effet le quarantième jour de son règne, il se trouva tout à coup atteint par son heure fatale ; Abou'l-Hedjjadj, son oncle, ayant pénétré traîtreusement dans son palais, lui ravit les douceurs de la vie et lui fit avaler l'eau amère du trépas ; événement à jamais lamentable, digne de tous les regrets et de tous les pleurs, car les liens du sang les plus rapprochés furent rompus, et la fidélité du serment prêté à un souverain fut indignement violée ! crime horrible qui a jeté l'affliction dans tous les cœurs, rempli d'indignation tous les esprits, et empreint de tristesse le visage du temps, lequel se dépouilla alors de ses vêtements de joie pour les remplacer par des habits de deuil !

CHAPITRE X.

Règne du sultan Abou'l-Hedjjadj Youssef.

Ensuite on prêta serment à Mouley Abou'l-Hedjjadj Youssef, fils de Mouley Abou-Hammou à la fin de djomâda premier. Ce noble prince s'avança dans le firmament du khalifat et de la puissance souveraine, pareil à l'astre de la nuit, quand il est dans sa plénitude; par les éminentes qualités qu'il étala sur le trône, par sa bienfaisance inépuisable, il fit briller son règne de l'éclat de la perle qui occupe le milieu du collier. Il leva des troupes, nomma à des dignités et à des commandements; il donna des ordres, et fut obéi; il appliqua son esprit à la méditation et déploya l'éloquence dont la nature l'avait doué; il fit aux ambassadeurs étrangers qui venaient à sa cour l'accueil le plus honorable, la bienvenue la plus magnifique et la plus solennelle que l'on pût voir, jusqu'au moment où ses ennemis se liguèrent pour le perdre et ne lui permirent pas d'occuper longtemps le trône. En effet, les Beni Meryn, irrités contre lui, lui arrachèrent la portion du pouvoir qui était due à son frère Mouley Abou-Zeiyan, et au bout de dix mois de règne, il fut chassé du trône par celui-ci. Comme il s'était réfugié chez les Beni Hâmer, le nouveau sultan envoya quelqu'un qui lui fit avaler la coupe du trépas; et c'est ainsi que s'accomplit le décret porté contre lui par le souverain juge : « Suivant que tu jugeras, tu seras jugé. » Par cet événement, les Beni Meryn se trouvèrent débarrassés d'un lourd fardeau et délivrés d'une affaire qui avait sollicité toute leur attention.

VERS.

« Je dis adieu à une terre qui, au moment où
» les splendeurs de l'aurore commençaient à
» poindre, s'est tout à coup revêtue d'un habit
» de deuil. »

« Le khalife que nous venons de perdre était
» comme un riche jardin; sur son fertile sol, on
» cueillait à pleine mains les dons et les grâces,
» et dans le ciel qui l'éclairait, on avait un globe
» resplendissant. »

« La catastrophe dont il a été victime, est une
» leçon instructive pour les rois de la terre; que
» ceux qui siégent sur les trônes ne se laissent
» donc pas séduire par le prestige de la domina-
» tion. »

« Je ne cesserai de pleurer ce grand prince,
» car, pareil à une montagne qui s'écroule, il
» a écrasé dans sa chute tout ce qui était à ses
» pieds. »

CHAPITRE XI.

Règne du sultan Mouley Abou-Zeiyan.

Ensuite on prêta serment à Mouley Abou-Zeiyan, le premier du mois de rebie second de l'année 796. Ce prince s'appliqua à mettre en honneur l'étude des sciences; il organisa des conférences littéraires, et fit tenir régulièrement des réunions scientifiques; il montra lui-même aux hommes d'intelligence et de génie ce qui devait faire l'objet de leurs études et de leurs méditations, et il laissa dans des ouvrages destinés à l'immortalité des preuves irrécusables de son profond savoir et de la variété de ses connaissances. C'est qu'il était comme le rameau d'un arbre extrêmement haut dont les racines descendent profondément dans la terre et dont les branches s'élancent vers les nues; c'est qu'il avait passé le temps de sa jeunesse au milieu des livres et des savants et qu'il s'était appliqué à l'étude des sciences, au point qu'elles étaient devenues pour sa langue comme un chemin familier et pour ses paupières un parterre délicieux. La capitale de son royaume retentissait tous les jours de savantes disputes; on y rencontrait partout des réunions littéraires; partout on y entendait des conférences et des entretiens scientifiques, en sorte que sous le règne de ce sultan la science fut illuminée par un grand nombre de soleils et que les esprits s'immergeaient à l'envi dans ses profondeurs. Mouley Abou-Zeïyan (que Dieu soit satisfait de lui!) fit de sa main auguste plusieurs copies du Koran, une copie du sahyh d'Al-Bokhâry et plusieurs copies du *schéfa* d'Abou'l-Fadl-Ayâdh; il consacra toutes ces copies comme *habbous* et les déposa dans la bibliothèque qu'il fonda dans la partie antérieure de la grande mosquée de Tlemcen la bien gardée. Ce monument est un des nombreux et insignes bienfaits qui immortaliseront la mémoire d'Abou-Zeïyan, car les legs magnifiques qu'il établit pour l'entretien de la bibliothèque, lui ont mérité à juste titre les éloges de tous les écrivains. Il composa un ouvrage qui traite du

Souphisme et auquel il donna le titre de : *Livre du conseil au sujet du jugement de la raison entre l'âme tranquille et l'âme passionnée.* Il célébrait la nuit du Mauled de l'Élu de Dieu (que Dieu le bénisse et le salue !) avec le même soin et la même piété que ses vénérables ancêtres. A l'occasion de cette solennité, on présentait à sa sublime cour, en fait de poèmes composés en l'honneur du prophète, de quoi faire pâlir la face resplendissante du jour naissant ; de ce nombre est la cacydah de Mohammed ben-Youssef et-Thaghary, auteur déjà cité, laquelle commence ainsi :

« Quand je songe à mes compagnons qui se
» sont engagés dans un sentier inconnu et semé
» de dangers, il s'élève dans mon cœur un sen-
» timent qui l'enivre. »

Mouley Abou-Zeiyan ayant reçu des cadeaux du roi d'Egypte Abou-Saïd, surnommé Barkók, en retour, il en envoya à ce prince de magnifiques, les accompagnant d'une cacydah de sa composition, qu'il avait, dit-on, improvisée. On lui attribue les cacydah qu'on lit sur le dos des volumes de l'ouvrage d'Al-Bokhâry, ouvrage qu'il avait légué comme habbous à la bibliothèque fondée par lui près de la grande mosquée, et on assure qu'elles furent également improvisées par lui. La cacydah dont il accompagna les présents destinés au roi d'Egypte, commence par ce vers :

« Puisque les chameaux de la caravane mar-
» chent devant nous d'un pas si lent, patienter,
» c'est ce que j'ai de mieux à faire. »

Il régnait tranquillement, obéi et vénéré de tous, dans la capitale de son empire, lorsque, dans le cours de l'année 801, son frère, le sultan Abou-Mohammed-Abd' Allah vint l'attaquer à la tête d'une armée mérinite, à laquelle s'étaient joints un grand nombre des habitants de ses états. Il s'enfuit de Tlemcen, et on cessa de le reconnaître pour khalife. S'étant réfugié dans la partie orientale de son royaume, il se mit à implorer l'assistance des populations, à demander leur aide et leur appui; mais la fortune trompa les espérances qu'elle lui avait fait concevoir, et trahit les promesses qu'elle lui avait faites. Il allait d'un pays à un autre, parcourait les tribus, s'adressant aux Arabes aussi bien qu'aux Berbers, mais il ne trouvait personne qui voulût s'armer pour sa cause. Enfin, en 805, après quatre ans d'une vie errante et aventureuse, comme il se trouvait chez Mohammed ben-Masseoud el-Wazény, qui avait fait semblant d'embrasser son parti, il fut attaqué à l'improviste par celui-ci et impitoyablement massacré, crime horrible par lequel fut violée la majesté la plus auguste, mais que Dieu ne tarda pas de venger de la manière la plus terrible, en rendant son auteur un objet de mépris et d'exécration parmi les hommes.

CHAPITRE XII.

Règne du sultan Abou-Mohamed Abd' Allah.

Ensuite on prêta serment à Mouley Abou-Mohammed-Abd'Allah, fils de Mouley-Abou-Hammou. Sabre tranchant, lion intrépide, phénix du monde, merveille du jour et de la nuit, ce prince faisait la guerre en personne, ne confiant le commandement des armées à qui que ce soit des gens de sa nation ; durant la paix, il était comme revêtu d'une cotte de mailles composée d'un double tissu, parce qu'il se défiait des promptes vicissitudes de la fortune. Les fêtes, les réunions publiques étaient embellies par sa présence, et on se rendait en foule à sa sublime cour. Il tint d'une main ferme les rênes du gouvernement ; il exerça le pouvoir d'une manière consciencieuse et impartiale ; son mérite et ses vertus lui acquirent l'amour et l'attachement de tous ses sujets. En un clin d'œil, il découvrait la solution des affaires les plus inextricables, et son opinion, qui faisait disparaître le doute et l'incertitude, avait coutume de triompher ; dans l'exécution de ce qui lui avait paru le plus convenable, il montrait un visage ouvert et riant, et il aimait à exercer la douceur et la clémence. Une conduite si juste et si louable déplut aux grands du royaume, qui avaient à craindre de sa part le châtiment de leurs malversations et de leurs crimes; les Beni Meryn, qui avaient été jusque-là ses amis et ses partisans, l'abandonnèrent ; ils formèrent tous ensemble le projet de le détrôner, et choisirent le temps de la nuit pour le mettre à exécution. Le malheureux sultan ne s'aperçut qu'il était trahi qu'au moment où les fantassins et les cavaliers des Beni Meryn envahirent son palais et vinrent l'attaquer. Il fut livré à ses ennemis par ses proches et ses agnats, auprès de qui il avait cherché un refuge, et sur qui il avait cru pouvoir compter dans sa triste position. Ayant été fait prisonnier, il fut chassé de son palais d'une manière ignominieuse et lamentable ; et, après qu'on eut mis sur le trône, à sa place, son frère, le sultan

Abou-Abd' Allah-Mohammed ben-Khaulah, il fut conduit dans le Maghreb, seul, triste abandonné, mais emportant les regrets de presque tous ses sujets.

CHAPITRE XIII.

Règne de Mouley Abou-Abd'Allah Mohammed,
fils de Mouley Abou-Hammou II.

Ensuite on prêta serment à Mouley Abou-Abd' Allah-Mohammed, fils de Mouley Abou-Hammou, connu plus généralement sous le nom de Ben-Khaulah, ce qui eut lieu après la déposition de son frère Abd' Allah, l'an 804.

La dignité royale plaça ce prince aussi haut que le grand fleuve céleste (voie lactée), et par l'exercice du pouvoir, il se revêtit de l'honneur du temps, montrant une âme plus élevée que les planètes, une générosité plus grande que celle de la nue la plus féconde, une majesté imperturbable, et brillant de la gloire la plus éclatante que l'on puisse ambitionner. De plus, il était d'un accès facile, d'un caractère libéral, doux et clément; il était l'objet de la pensée de chacun, et toutes les bouches se plaisaient à faire son éloge. Ses sujets lui avaient dévoué leur amour; chacun le regardait comme la pupille de son œil, comme son propre cœur; tous l'affectionnaient de l'amour le plus vif, et le plus tendre. On pouvait dire de lui ce qui a été dit du prophète fidèle :

« Le monde fut embaumé par la bonne odeur
» de Mohammed; par lui les beaux jours ac-
» crurent en éclat et en beauté.

» Mohammed brisa les liens des captifs; il fit
» reposer sous l'aile protectrice de la paix ceux
» qui étaient en proie à la crainte.

» Quelle pourrait être la matière de mes
» louanges ou qui pourrais-je chanter? qu'est-ce
» qu'un fidèle reconnaissant pourrait dire pour
» te célébrer?

» Si nous chantons quelqu'une de tes vertus,
» nous disons ce que tu fus, et nous restons en-
» core au-dessous de la vérité.

« Si jamais nos paroles font retentir l'éloge
» d'un mortel autre que toi, c'est à toi, sache-le
» d'avance, que nous ferons allusion. »

Tous les jours de son règne brillèrent comme les étoiles au front des coursiers, et comme les pelages blancs qui ornent leurs pieds ; nul ne formait un désir, qu'il ne se réalisât ; nul n'adressait une demande, qu'elle ne fût accordée. Ceux qui eurent le bonheur de voir ces jours les regardèrent comme autant de solennités et de fêtes, à cause de l'absence de toute peine, de toute souffrance, de tout malaise. Les cœurs étaient contents, les affaires prospères, les marchandises à bas prix, les choses nécessaires mises à exécution, les vivres abondants, les yeux animés par le sentiment de la joie et de la satisfaction, prospérité qui éternisera le souvenir de ce règne et le rendra proverbial jusqu'à la postérité la plus reculée. La fortune ne cessa de prodiguer ses faveurs à Abou-Abd' Allah-Mohammed, de lui donner des marques de l'amitié la plus constante et la plus fidèle, d'être témoin chaque jour des bonnes actions de ce prince, jusqu'à ce qu'enfin l'heure suprême vint le surprendre dans le sein de la paix et de la prospérité. Alors les choses changèrent tout à coup de face, l'alarme se répandit partout, et il arriva le malheur que chacun redoutait.

La mort du sultan Abd' Allah-Mohammed eut lieu le mardi 7e de dhou'l-kâadah de l'an 813.

Cette date se trouve gravée sur son tombeau avec les vers suivants :

« O vous, qui visitez mon tombeau, reposez-
» vous ici un instant : le tombeau procure du
» repos aussi bien au visiteur qu'au visité.

» Que de fois nous avons changé d'habille-
» ments ! Que de fois vous en avez changé !
» Nous avons habité des châteaux et des palais.

» Et en mourant, nous avons laissé en héri-
» tage ce que nous avions gagné ; après avoir
» habité les palais, nous avons maintenant pour
» demeure les tombeaux.

» O souverain maître des créatures, sois in-
» dulgent envers un mortel qui, après avoir
» vécu dans le sein des richesses, est retourné
» à toi pauvre et nu. »

CHAPITRE XIV.

Règne de Mouley Abd' er-Rahman, fils de Mouley Abou-Abd' Allah-Mohammed.

Ensuite on prêta serment à l'émir Abd' er-Rahman, fils d'Abou-Abd' Allah-Mohammed. Le temps de son règne fut de très-courte durée, car il ne trouva personne qui voulût prendre sa défense, et ses frères mêmes refusèrent de lui venir en aide pour se maintenir sur le trône. Son oncle Saïd, s'étant échappé de la prison où le retenaient les Beni Meryn, courut se jeter sur lui comme un furieux, l'attaqua dans la capitale de son empire et le déposa après deux mois et quelques jours de règne.

VERS.

« Ne compte pas sur le bonheur du moment;
» ne dis pas en te faisant illusion : Il est parfait

» et solide. » « La fortune a beau sourire à
» l'homme, elle n'en est pas moins son plus
» grand ennemi ; il ne lui faut qu'une occasion
» pour qu'elle se montre rebelle. »

CHAPITRE XV.

Règne de Mouley es-Saïd, fils du sultan Abou-Hammou Moucé II.

Ensuite on prêta serment au sultan Es-Saïd, fils du sultan Abou-Hammou, vers la fin de moharrem de l'année 814. A son avénement, ce prince trouva la capitale de l'empire très-peuplée, les fortifications en bon état, le trésor rempli d'argent de bon aloi, les magasins pourvus de marchandises et de provisions, les pâturages nourrissant des chevaux de race et de course. Sa main prodigue se mit à puiser sans mesure dans ces amas de richesses, en sorte que, après avoir été si abondantes, elles finirent par être entièrement dissipées : il est vrai que ces prodigalités lui valurent force éloges et compliments de la part des écrivains affamés qui sont toujours prêts à vendre leur plume, pourvu qu'ils soient largement payés. Mais les rois de

Fez qui ne tardèrent pas à être informés de la conduite blâmable du nouveau sultan, envoyèrent contre lui son frère, le prince Abd' el-Wâhed, qui, bientôt après, lui fit avaler le plus amer des calices. Mouley es-Saïd s'étant apprêté à repousser l'ennemi par les armes, sortit de la capitale de ses états et marcha à sa rencontre, ne se doutant pas que cette campagne allait être la cause de son malheur. Les deux armées établirent leur camp dans la même plaine. Le prince Abd'el-Wâhed, qui s'était entendu auparavant avec les principaux de la ville et le reste de la population, se dirigea vers Tlemcen à l'entrée de la nuit avec une partie des siens ; y ayant été introduit par les soins de quelques-uns des chefs du peuple, il fit connaître son entrée à ceux qu'il avait laissés dans le camp, en plaçant sur les remparts des torches ardentes, signal dont il était convenu avec eux. Dès que l'armée d'Es-Saïd fut informée de ce qui venait d'avoir lieu, elle l'abandonna, en sorte qu'il resta presque seul. Il prit alors la fuite du côté de l'est, pleurant et se lamentant, tournant et retournant ses mains, mais y cherchant vainement les richesses qu'elles n'avaient pas su conserver.

VERS.

» Jamais la fortune n'accorde ses faveurs,
» sans les faire expier tôt ou tard par quelques
» revers. »

CHAPITRE XVI.

Règne de Mouley Abou-Malek Abd'el-Wâhed.

Ensuite on prêta serment au magnanime, au glorieux sultan Abd'el-Wâhed, dans la matinée qui suivit la nuit où il était entré à Tlemcen, le 16 redjeb de l'année susdite. Avec lui l'empire s'agrandit et s'illustra; par lui il crût en gloire et en étendue; par sa prudence et sa fermeté dans la poursuite de ses entreprises, par son zèle et son ardeur dans l'action, il le rendit incomparable parmi les royaumes de la terre. Il vengea sa dynastie des humiliations qu'elle avait reçues de la part de ceux de l'occident; il alla attaquer leurs rois dans leurs propres foyers; il envoya contre eux des armées qui fouillèrent l'intérieur de leur palais et se reposèrent de leur fatigue à l'ombre de leur toit; par ses exploits, il affermit sa puissance et consolida sa dynastie. Il célébrait avec la plus grande pompe la nuit anniversaire de l'Élu (que Dieu le bénisse et le salue!); il faisait fonctionner la *Mangânah* de la manière qui a été racontée dans la vie de son père, et il marchait sur les traces de celui-ci pour la splendeur avec laquelle il solennisait les fêtes. Sous son règne, le marché des belles-lettres fut très-achalandé; ceux qui les cultivaient se rendaient de toutes parts auprès de sa Porte Sublime, et s'en retournaient, la valise pleine de cadeaux, chargés eux-mêmes de magnifiques récompenses.

Parmi les nombreuses compositions qui furent présentées à son auguste cour, nous citerons le superbe poëme du littérateur Abou'l-Hassan-Aly-al-Aschâb-Alfessy, poëme dans lequel il félicite le sultan de la conquête d'Alger, et qui commence ainsi :

« Ce qui fait la gloire des héros, ce sont les
» lances à la couleur fauve, la fureur des atta-
» ques, la rapidité des marches, les hennisse-
» ments répétés des coursiers au milieu du
» tumulte de la guerre et le sabre de fer in-
» dien.

» Pendant que les escadrons se mêlent aux
» escadrons, que les lances enfilent les corps et

» que les épées altérées s'abreuvent de sang;

« Pendant que les bras des arcs ne cessent de
» faire voler au loin les messagers du destin
» et que la mort frappe çà et là dans tous les
» rangs. »

Abd' el-Wâhed eut l'honneur de placer sur le trône de Fez le sultan Mohammed, fils d'Abou-Mohammed, fils d'Abou-Taryk, fils d'Abou-Inan le mérinite, qui avait quitté l'Espagne et s'était rendu à la sublime résidence du roi de Tlemcen, pour implorer son secours. J'ai ouï dire à quelqu'un de ceux qui avaient assisté à l'audience où le prince mérinite remit son sort entre les mains du sultan Abd' el-Wâhed, que Mohammed lui dit : « *Je suis dans une position analogue* » *à celle où se trouva jadis Yaghrmorâcen* » et que Mouley Abd' el-Wâhed convenant de cela, lui répondit : « *En effet, tu te trouves dans les mêmes* » *circonstances.* »

Abd'el-Wâhed mit à la disposition du prince mérinite des troupes équipées, lui donna de l'argent et des vivres et envoya avec lui des chefs et des officiers. Cette armée s'empara de la ville de Fez et subjugua tout le Maghreb-Extrême : ce fut là une des actions mémorables du règne d'Abd' el-Wâhed. Il gouvernait paisiblement son royaume, lorsque, dans le courant de l'année 827, il fut détrôné par Mouley Mohammed, fils de Mouley Abou-Teschifeyn, nommé communément *Ben el-Homrah,* lequel s'était fait appuyer dans sa révolte par le sultan hafside Abou-Fârès, roi de Tunis. Abd' el-Wâhed, forcé de quitter sa capitale, chercha alors un refuge dans le Maghreb.

CHAPITRE XVII.

Règne de Mouley Abou-Abd'Allah Mohammed, fils de Mouley Abou-Teschifeyn.

Ensuite on prêta serment au prince grand, noble, illustre, doué d'un naturel heureux et d'une âme élevée, pupille de l'œil du temps, visage brillant de l'époque, porte-enseigne du génie et de la valeur, muni du drapeau de la puissance et de la gloire, centre et milieu du gouvernement, âme, pleine lune et soleil de la royauté, notre seigneur et maître Abou-Abd' Allah-Mohammed, émir des Moslim, fils du prince très-fortuné, notre seigneur Abou-Teschifeyn. Il prit possession de la résidence de l'empire, le jour même où son oncle sortit de Tlemcen, le dimanche 16 de djomâda second, l'an 827. La fortune le prévint par ses faveurs; elle répandit sur les premiers jours de son règne tant d'éclat et de bonheur, que chacun d'eux ressemblait à une solennité et à une fête ; la terre se couvrit d'abondantes moissons ; la misère et la souffrance disparurent du royaume ; le cœur des habitants s'attacha à leur souverain si fortement, que celui-ci était toujours présent à leur esprit : ils le chérissaient comme ils chérissaient leurs propres âmes, leurs enfants, leurs biens, et leur souverain leur était plus agréable que l'eau douce et limpide.

Voici les événements qui furent cause de la division qui éclata entre lui et le sultan Abou-Fârès. Le sultan Abd' el-Wâhed étant allé, comme nous l'avons dit précédemment, dans le Maghreb, il chercha à s'y procurer une armée et à marcher ensuite contre Tlemcen ; mais toutes ses démarches ayant été vaines, il se décida à envoyer un de ses fils qu'il avait auprès de lui, à Tunis, où régnait alors le sultan Abou-Fârès. Celui-ci, après avoir accueilli le jeune prince avec des marques d'honneur et de distinction, le renvoya auprès de son père avec une lettre dans laquelle il engageait ce dernier à se rendre à Tunis. Mais le fils d'Abd' el-Wâhed ayant été pris dans la route par des espions qui avaient été apostés par Mouley Abou-Mohammed,

il fut mené à Tlemcen, où il fut mis à mort, et on découvrit sur lui les lettres du roi de Tunis. Ce fut là le premier acte par lequel éclata l'hostilité qui régnait entre ces deux princes ; car déjà la délation et la malveillance avaient jeté entre eux des semences de division et ils gardaient l'un contre l'autre une haine secrète. Sur ces entrefaites, le sultan Abd' el-Wâhed étant arrivé à Tunis, parvint à obtenir du roi la promesse de l'aider à remonter sur le trône. Dans ce moment, Abou-Fârès faisait les préparatifs d'une expédition dans le Beled el-Djeryd. Pour venir à bout de son dessein, il fabriqua des lettres au nom de Ben-Abou-Hâmed, son hadjeb, lettres dans lesquelles il faisait dire à celui-ci, que les grands du royaume de Tlemcen le suppliaient de revenir auprès d'eux. Il présenta ces lettres au sultan Abou-Fârès, en lui disant : « Tous les habitants de notre royaume nous re-
» grettent et soupirent après notre retour ; si
» vous consentiez à mettre à notre disposition
» le moindre secours, ne serait-ce qu'un cava-
» lier, nous serions assez forts pour réaliser
» leurs souhaits. » Voici, ajouta-t-il en montrant les lettres, les pièces qui nous ont été

» adressées à ce sujet. » Le roi lui répondit :
« Puisque cela est ainsi, nous allons nous mettre
» en campagne, comme tu vois, et, lorsque nous
» serons arrivés à Constantine, par où nous de-
» vons passer, nous enverrons avec vous le caïd
» de cette ville, Cidi Dja'el-Khaïr. »

Quelque temps après cette entrevue, Ben-Abou-Hamed arriva auprès de son maître, l'ancien roi de Tlemcen, qui lui dit : « Dans l'intérêt
» de notre cause, j'ai eu recours à un expédient
» que je vais te raconter. » Puis il se mit à lui exposer ce qu'il avait fait. Sur cela, le hâdjeb, fortement indigné contre le roi : « Tu veux donc
» notre perte, lui dit-il. Quand même le sultan
» enverrait avec nous l'armée entière de l'Ifri-
» kiah, elle ne nous serait d'aucune utilité, s'il
» ne la commandait en personne et ne marchait
» à notre tête. »

Le roi ne répliqua rien sur le moment, mais lorsque la colère du hâdjeb fut apaisée, il lui dit : « Je reconnais la justesse de ton observa-
» tion et j'ai déjà eu la même pensée que toi ;
» mais j'ai réfléchi que le roi de Tunis dépen-
» serait plus de dix charges d'argent pour la
» campagne qu'il s'est engagé à entreprendre

» pour nous, que rien ne pourrait le dédom-
» mager de sa peine et de sa fatigue et que,
» d'ailleurs, il n'était pas raisonnable de vouloir
» qu'il se chargeât d'une expédition qui deman-
» derait beaucoup de temps. J'ai donc cru plus
» avantageux pour notre cause de lui faire la pro-
» position que tu connais; car, s'il nous donne
» quelqu'un de ses généraux, et qu'avec son aide
» nous venions à réussir dans notre projet, les
» frais de l'expédition seront peu de chose pour
» lui, comme pour nous; si, au contraire, la
» fortune ne nous est pas favorable, alors,
» croyant son honneur engagé, il prendra lui-
» même les armes pour faire triompher notre
» cause et il se hâtera de mettre le comble à
» nos souhaits. »

L'événement confirma les prévisions d'Abd'
el-Wâhed. En effet, le sultan de Tunis envoya
avec le prince réfugié et son hâdjeb le heuldj
Dja'el-Khaïr à la tête d'un corps de troupes.
Comme ils eurent établi leur camp près de
Tlemcen, les habitants de la ville firent une
sortie contre eux, et le combat s'étant engagé,
les Tunisiens furent vaincus et faits prisonniers
en grande partie : les débris de leur armée bat-

tirent en retraite vers Tunis avec le sultan Abd'el-Wâhed.

Sur ces entrefaites, vinrent se réfugier à Tlemcen Schagroun et Yakhlef, après s'être battus avec le gouverneur de Tunis qui avait fait mettre à mort Bitan, frère de Schagroun. Le roi de Tunis envoya à Tlemcen un général pour saisir ces deux personnages et les lui amener ; mais la chose n'ayant pas réussi, il se mit lui-même en campagne contre Tlemcen, accompagné du sultan Abd'el-Wâhed. Le siége de la place fut poussé vigoureusement et les habitants se trouvèrent bientôt réduits à la dernière extrémité. Le sultan Mohammed étant sorti secrètement de la ville, prit la fuite dans la direction de l'ouest. Alors Tlemcen ouvrit ses portes aux assiégeants et Abd'el-Wâhed y fit son entrée dans le mois de redjeb de l'an 831. Après cela, le roi de Tunis reprit le chemin de ses états. Quant au sultan Mohammed, après avoir erré quelque temps dans la partie occidentale du royaume de Tlemcen, il tourna ses pas fugitifs vers l'est et alla chercher un asile dans les montagnes de Breschk et de Tenez, où il séjourna quelque temps. Là étant venu ç bout de former une armée avec les Arabes du pays, il marcha sur Tlemcen où il rentra la nuit du mercredi 4 de dhou 'l-kâadah de l'an 833. Il fit mourir le sultan Abd'el-Wâhed dans la matinée qui suivit cette nuit. Que la miséricorde de Dieu repose sur lui !

VERS.

« Vois ces grandes montagnes : comme elles
» s'écroulent et disparaissent ! vois ces hautes
» dignités : comme elles s'évanouissent !

» L'heure du trépas est marquée d'avance;
» le souffle qui nous anime n'est qu'un dépôt,
» la vie qu'un sommeil, le destin qu'un traître
» qui se joue de l'homme. »

» Il fait briller un instant d'un vif éclat la
» lampe de la gloire et ceux qui la portent, puis
» tout à coup il se plaît à éteindre la lumière
» des plus grandes, comme des plus nobles ac-
» tions. »

» Au moment où les mortels désirent avec le
» plus d'ardeur voir se prolonger leurs jours
» sur cette terre, au moment même où ils se
» croient fondés dans cet espoir, c'est alors que

» l'ordre inexorable de décamper leur arrive
» d'en haut. »

Lorsque le sultan Mohammed eut pris possession de la résidence de l'empire, il créa de nouveaux gouverneurs et les envoya dans les différents districts de son royaume. Mais le bruit de sa rentrée dans Tlemcen ne tarda pas à parvenir aux oreilles du sultan Abou-Fârès qui se mit aussitôt en campagne et marcha de nouveau contre la capitale de Maghreb-Moyen. A l'approche de son armée, le sultan Mohammed sortit de Tlemcen, quatre-vingt-quatre jours après sa réinstallation sur le trône, et il se réfugia chez les Beni Yeznâcen.

Abou-Fârès, ayant établi pour gouverneur de la ville un de ses caïds non musulmans, il se mit à la poursuite du sultan Mohammed et alla l'assiéger dans sa retraite chez les Beni Yeznâcen. Le siége durait depuis quelque temps, lorsque l'un de ceux qui avaient accompagné le sultan Mohammed dans sa fuite, l'engagea à se rendre auprès d'Abou-Fârès, lui représentant que par cette démarche il désarmerait le courroux de son ennemi. Mohammed, s'étant laissé persuader, se rendit dans le camp du roi de Tunis qui, pendant quelques jours, lui montra un visage gai et le traita d'une manière convenable; mais ensuite il le mit aux fers lui et les plus considérés de ses compagnons et il les fit périr tous misérablement. (A Dieu seul appartient l'immortalité.) Après cela, le sultan Abou-Fârès, étant retourné à Tlemcen, se disposa à reprendre le chemin de l'orient. On vint lui demander à qui il laissait le gouvernement du royaume de Tlemcen : « Au sage Ahmed, répondit-il, car je ne connais personne de plus digne du trône que lui. » Il congédia alors le gouverneur qu'il avait lui-même nommé, il y avait sept mois, et il repartit pour l'orient.

CHAPITRE XVIII.

Règne de Mouley Abou'l-Abbès Ahmed.

Ensuite on prêta serment au prince sage, illustre, accompli, doux et clément, doué d'un courage parfait et d'un caractère excellent, Abou'l-Abbès Ahmed, émir de Moslim, fils de notre seigneur Abou-Hammou, rejeton des émirs légitimes, lequel s'attacha à pratiquer la justice à l'égard de ses sujets et suivit dans tout son gouvernement une ligne de conduite bonne et louable. Il signala le commencement de son règne par la sévérité et le zèle courageux qu'il déploya contre les vices et les abus; par la répression des crimes et des violences, il ramena la sécurité dans les esprits; il fit respecter son autorité; nul n'osa transgresser ses ordonnances et ses décisions. Mais ensuite il manqua d'énergie et de fermeté; il négligea de comprimer les révoltes; la crainte qu'il avait inspirée jusque-là aux ambitieux et aux malfaiteurs cessa et disparut. Les chefs les plus forts et les plus hardis s'emparèrent des provinces; les Zénêtah et les Arabes nomades multiplièrent contre lui leurs soulèvements et leurs attaques. Son règne, dont la durée fut de trente ans, fut ainsi en proie à l'anarchie jusqu'au moment où ce malheureux prince eut rempli le nombre des jours que le Très-Haut avait marqués dans le livre des destinées.

Il fut proclamé sultan le jour même où il fit son entrée à Tlemcen, le vendredi, 1er redjeb de l'an 834. Il avait la plus grande vénération pour le waly, le dévôt, l'étoile polaire de l'époque, le puissant intercesseur, le scheikh des ascètes et le modèle des hommes pieux, le cid Hassan ben-Makhlouc. Il lui faisait de fréquentes visites, s'aidait de ses conseils et lui confiait la direction de la plupart de ses affaires. Il restaura le *collége-Neuf* qui dépendait de la Zaouiah et y affecta de magnifiques revenus. Ayant découvert que beaucoup de biens habous ne payaient plus à cet établissement le quart dont ils étaient précédemment imposés, et que bien des rentes qui y étaient affectées avaient été considérablement réduites, il rétablit l'impôt du quart en question, en assura la perception qui était tombée en désuétude et il éleva le taux des rentes de telle sorte, qu'elles se trouvèrent beaucoup plus considérables qu'auparavant. Le zèle dont il fit preuve en cela, lui valut des éloges de la part des contemporains et a recommandé son nom à la postérité. L'an 328, l'émir illustre, invincible, généreux, remarquable par l'excellence de son gouvernement, le prince Abou-Yahia, fils de Mouley Abou-Hammou, parut à la tête d'une armée; son autorité ayant été reconnue par Moucé ben-Hamzah, par Abd'Allah ben-Othman et Souleyman Abou-Moucé, qui lui prêtèrent serment, il marcha sur Tlemcen pour la soumettre; mais son projet ayant échoué, il se vit forcé de se replier vers Oran, dont il parvint à se rendre maître. Il se livra ensuite entre lui et son frère, le sultan Ahmed, plusieurs batailles; toutefois il se maintint dans Oran jusqu'au mois de schâaban de l'année 852, que les généraux du sultan Ahmed prirent la ville d'assaut. Il s'enfuit alors par mer avec le petit nombre de ses partisans et fit voile vers l'orient. Il débarqua à Bougie où il resta quelque temps; puis il se rendit à Tunis et ce fut là qu'il termina ses jours, au commencement de l'année 855.

Pendant que les deux frères se disputaient la couronne, c'est-à-dire vers la fin de l'année 841, le prince fortuné, l'émir légitime, vertueux, illustre, accompli, martyr, doué d'une âme élevée et d'un caractère charmant, d'un extérieur majestueux, d'un mérite profond, d'une haute sagesse, d'une beauté éclatante, d'un jugement solide, d'une fermeté inébranlable, et muni de courage comme d'un sabre de fer indien, l'émir des Moslim, Abou-Zeiyan Mohammed el-Mostaéin b'illah, père de notre seigneur Mohammed Al-Motaweckel, quitta la ville de Tunis et prit la route du Maghreb.

Lorsqu'il fut arrivé à Watta-Hamzah (plaine de Hamzah), les Ouled Abou-Leyl lui prêtèrent serment d'obéissance, ce qui fut fait successivement par les Mellikesch, les Beni Omer ben-Moucé, les habitants de Yallel, la communauté des Théâleb et une partie des Hacyn. Il dirigea ensuite sa marche vers Alger, place devant laquelle il fut obligé de s'arrêter; le siége dura longtemps; mais à la fin, les habitants furent réduits à la dernière extrémité ; alors ceux qui défendaient la ville, l'abandonnèrent pour prendre la fuite et le reste de la population se soumit. La place fut d'abord livrée à notre seigneur Al-Motaweckel dans la matinée du 19 redjeb de l'an 842 et, dans la soirée du même jour, son père, l'émir des Moslim, Al-Mostaéin b'illah, y fit son entrée solennelle. Après cela, ayant équipé des troupes et formé un corps d'armée, il en confia le commandement à son très-gracieux fils, notre seigneur Al-Motaweckel, qui se mit aussitôt en campagne, soumit Mettidjah, puis marcha sur Almédéah et en fit la conquête. Quelque temps après, il entreprit lui-même une autre expédition, attaqua Mélianah dont il se rendit maître et porta ses armes triomphantes jusqu'à Tenez, qu'il força à capituler. Dans le cours de cette campagne, il proclama son indépendance et exerça le droit de souverain dans toutes les villes dont il vient d'être question, ainsi que dans toutes leurs dépendances. De toutes parts, on venait lui rendre hommage et reconnaître son autorité ; sa puissance prenait chaque jour de l'extension ; chaque jour sa gloire s'agrandissait : il eut même la joie de voir em-

brasser sa cause par un grand nombre des Beni
Abd' el-Wâdy qui quittèrent Tlemcen pour venir
combattre sous ses drapeaux. Les progrès
du parti d'Abou-Zeiyan alarmèrent si fort le
roi de Tlemcen, qu'il oublia le chagrin que lui
avait fait éprouver autrefois l'affaire d'Oran.

Sur ces entrefaites, les habitants d'Alger et
les Arabes établis sur son territoire, à qui Abou-
Zeiyan s'était rendu odieux par la dureté de sa
domination, voyant que sa puissance, loin de
s'affaiblir, ne faisait que s'accroître, tramèrent
sa perte; ils se soulevèrent contre lui le 2 schewal
de l'année 843 et il fut assassiné le même
jour avec plusieurs de ses compagnons. Heureusement
notre seigneur Al-Motaweckel se
trouvait à Tenez à cette époque : Dieu le sauva
alors du massacre parce qu'il le destinait à
l'empire auguste, à la sublime puissance que,
dans sa prescience, il prévoyait devoir lui accorder
un jour.

Dans la nuit du 27 ramadhan de l'année 850,
le prince Ahmed, fils d'An-Nacer, fils de Mouley
Abou-Hammou, entra dans Tlemcen, où une
bande d'hommes se joignirent à lui; ils parcoururent
la ville en invitant à grands cris les ha-

bitants à prêter leur concours au triomphe de sa cause et ils répandirent la terreur par le bruit des timbales et des trompettes qu'ils faisaient résonner. Mais les habitants ne répondirent point à ces provocations ; les séditieux furent saisis et le prince, auteur de la révolte, fut conduit devant le sultan qui ordonna de le mettre à mort. Cet événement fut un des motifs qui déterminèrent le roi à construire autour du palais et des édifices qui en dépendaient, le grand mur qui existe encore. Ce fut un embellissement ajouté à la ville de Tlemcen, mais dont le sultan ne retira jamais aucune utilité ; son érection, Dieu le sait, ne servit qu'à faire dépouiller injustement les propriétaires des maisons voisines qu'il fallut abattre pour cela, et le sultan mérita qu'on lui appliquât dans cette occasion ce que le poète Abd' Allah Al-Kâmel dit au sujet d'Abou'l-Abbès As-Seffah, lorsqu'il vit les édifices somptueux que ce khalife avait fait élever dans la ville d'Al-Anbar :

« N'as-tu pas remarqué ce vieux renard qui
» s'est mis à édifier des palais dont profiteront
» les Beni Bokaylah ? »

« Il espère atteindre l'âge de Noé et il oublie

» que l'ordre de Dieu arrive à chaque instant. »

L'an 866, notre seigneur Al-Motaweckel partit de Milianah à la tête d'une armée, et se dirigea vers l'ouest, précédé par la victoire. Il s'empara d'abord du pays des Beni Râched, puis de celui des Hawârah; il fit également la conquête de Mostaghanem et de Temzaghran (Mazagran). Ensuite il marcha sur Oran dont il se fit ouvrir les portes; de là, il se porta sur Tlemcen, qu'il assiégea pendant deux jours, et le troisième, il parvint à pénétrer dans la place, ce qui arriva le lundi, 1er de djomâda-el' oula de la même année. L'émir Ahmed s'enfuit à Hubbed, où il chercha un asile auprès du tombeau du waly, l'étoile polaire de la sainteté, le puissant intercesseur, le scheik des scheik, Cidi Abou-Médyn-Schoaïb, fils de Hassan l'ansarien. Que Dieu nous fasse participer aux bénédictions et aux lumières de ce grand saint!

CHAPITRE XIX.

Règne de Mouley Abou-Abd'Allah Mohammed
Al-Motaweckel Al'Allah.

Après la fuite du sultan Ahmed, on prêta serment au prince accompli, illustre, généreux, nue féconde, lion intrépide et brave, unique et sans pareil, fort et puissant, rose brillante, couronne des souverains, astre qui prêtait son éclat aux globes célestes, phénix de son temps, crême de son époque, ornement de sa capitale, bonheur de sa patrie ; qui a été mis à l'épreuve par l'adversité et en est sorti victorieux ; à qui les vicissitudes des choses humaines ont donné de la sagesse et de l'expérience ; que ses luttes avec la fortune ont servi à mettre en relief ; qui, en fait de changements, en a éprouvé tantôt d'agréables et tantôt de fâcheux ; qui a traversé tantôt les douces plaines de la prospérité, tantôt le sol dur et âpre de l'infortune ; qui possède un cœur tendre et dévoué; qui se plaît à répandre les grâces et les faveurs; dont les bienfaits ne tarissent jamais; qui court avec l'ardeur d'un généreux et infatigable coursier et s'est lancé avec la bravoure d'un noble chevalier dans la carrière de l'honneur; en sorte qu'il surpasse les souverains de l'époque autant que le soleil surpasse la lune en éclat, autant que la mer surpasse en étendue le continent; dans la résidence duquel flottent les drapeaux de la magnificence et de la splendeur; qui possède une cour où brillent comme autant de lunes des hommes accomplis; qui gravit d'un pas ferme les sentiers rudes et escarpés qui conduisent au faîte de la gloire, notre seigneur Abou-Abd' Allah Mohammed, fils de notre seigneur Abou-Zeiyan Mohammed, fils de notre seigneur Abou-Thâbit. Que Dieu consolide le pied de ce prince dans la carrière du khalifat où il l'a fait entrer et qu'il fasse briller son drapeau au-dessus de celui de tous les autres souverains!

Puisse-t-il, en lui accordant un long règne, accroître aussi sa gloire et lui fournir l'occasion de s'illustrer par de nouveaux exploits! Élevé au faîte de la grandeur, il règne aujourd'hui dans la plus magnifique des résidences royales. Puisse la victoire lui être toujours fidèle ! puisse le bonheur ne le quitter jamais ! car il est en possession de prérogatives et d'avantages qui ne se sont jamais rencontrés dans un autre que lui.

1° Sa noblesse lui vient tant du côté paternel que du côté maternel; en effet, son père Mouley Mohammed était fils d'Abou-Thâbit, qui était fils d'Abou-Teschifeyn, qui était fils d'Abou-Hammou, qui était fils d'Abou-Yâcoub, qui était fils d'Abou-Zeyd, qui était fils d'Abou-Zakaria, qui était fils d'Abou-Yahia Yaghrmorâcen, qui était fils d'Abou-Zeiyan; et sa mère, la princesse, servante de la majesté royale, était fille de Mohammed, qui était fils d'Abou'l-Hassan, qui était fils d'Abou-Teschifeyn, qui était fils d'Abou-Hammou, qui était fils de Saïd, qui était fils d'Abou-Yahia Yaghrmorâcen, qui était fils de Zeiyan. Cette double filiation est un avantage précieux, car plusieurs historiens nous apprennent qu'il n'y a pas eu d'autres khalifes hâschemites de père et de mère, qu'Aly, fils d'Abou-Tâleb et Al-Amyn, fils d'Ar-Raschyd; d'après cela, notre seigneur Al-Motaweckel est le troisième qui a eu cette insigne prérogative.

2° Notre seigneur Al-Motaweckel est khalife et petit-fils d'un khalife qui était fils d'un khalife, lequel était fils d'un khalife qui avait pour père le premier des khalifes de la dynastie des Beni Zeiyan, avantage que ne saurait lui disputer aucun des princes de cette illustre famille.

3° Une autre particularité à remarquer dans sa généalogie, c'est que, parmi les ascendants tant de son père que de sa mère, l'on trouve un Teschifeyn; en effet, son père est petit-fils d'Abou-Teschifeyn II et sa mère descend d'Abou-Teschifeyn I⁼ʳ. Nous avons dit pareillement que notre seigneur Al-Motaweckel descend d'un Abou-Hammou par les deux lignes paternelle et maternelle, son père étant arrière-petit-fils d'Abou-Hammou II, et sa mère descendant d'Abou-Hammou Iᵉʳ; que ces deux lignes vont se réunir dans Yaghrmorâcen, fils de Zeiyan et que, par conséquent, celui-ci est la tige d'où notre sultan tire son origine tant du côté paternel que du côté maternel. Or, je ne crois pas que l'on trouve rien de semblable dans la généalogie des autres princes de la famille des Beni Zeiyan, ni dans celle d'aucune autre dynastie.

4° Mais l'un de ses plus grands mérites, lequel

il ne partage avec aucun des princes de sa dynastie, c'est d'avoir réuni auprès de lui, des contrées de l'orient et de l'occident, où ils se trouvaient dispersés, tous les membres de la famille royale qui descendaient des mêmes ancêtres que lui ; de les traiter à sa cour avec la plus grande magnificence, les comblant de toute sorte de faveurs, leur fournissant de l'argent et des vivres en abondance et se montrant généreux à leur égard, comme jamais prince de sa maison ne le fut.

5° Enfin ce qui témoigne des bonnes qualités de son cœur, ce sont les ménagements bienveillants qu'il a observés à l'égard du sultan Ahmed, après que celui-ci a été dépouillé de la dignité royale ; car s'étant rendu maître de sa personne, il ne lui fit aucun mal, le traita, au contraire, avec bonté, pourvoyant à sa sûreté et à ses besoins ; puis il le fit partir pour l'Espagne en le comblant de marques d'honneur pour le soustraire ainsi au mépris et aux railleries du monde. Mais ce malheureux prince ne lui sut aucun gré de ces bons procédés. Arrivé sur l'autre continent, il fit si bien, qu'il parvint à repasser en Afrique. Là ayant levé un corps d'armée parmi les Arabes et les Berbers, il parut devant Tlemcen qu'il tint assiégée pendant quatorze jours. Au bout de ce temps, le Très-Haut vengea notre seigneur Al-Motaweckel de la perfidie de son ennemi, qui fut battu et tué par les assiégés, le soir du lundi 13 de dhou'l-hidjjah, dernier mois de l'année 867.

Son corps fut transporté dans la ville et présenté à notre seigneur Al-Motaweckel, qui ordonna qu'il fût enseveli à Hubbed. L'émir Mohammed, fils d'Abd' er-Rahman, fils d'Abou-Othman, fils d'Abou-Teschifeyn, qui s'était déclaré pour le parti du roi déchu, avait pris part à l'expédition malheureuse de celui-ci contre Tlemcen. Après la mort d'Ahmed, les populations établies le long de la schikkak donnèrent asile à l'émir Mohammed, se déclarèrent pour ses prétentions au trône et entreprirent d'éteindre la lumière de Dieu dans la personne de son représentant sur la terre, bien que ce ne fût pas la volonté de Dieu, que sa lumière s'éteignît alors. Ce fut dans ce dessein qu'ils commencèrent à mettre le siége devant Tlemcen. Il y avait plusieurs jours qu'ils cernaient la ville, lorsqu'une bande de maraudeurs de leur armée parvint à pénétrer nuitamment dans l'enceinte de la place. Aussitôt les habitants fondirent sur eux, les armes à la main, et en tuèrent une partie ; le reste n'échappa au massacre que par la fuite. Cet échec jeta le découragement dans l'âme des assiégeants ; désespérant d'arriver à leurs fins, de même que les infidèles désespèrent de fléchir les anges des tombeaux, ils prirent le parti de se retirer et leurs troupes se dispersèrent. Les uns rentrèrent dans le devoir et se soumirent à l'émir de Moslim, Al-Motaweckel ; les autres persévérèrent dans leur état de rébellion. Ce fut alors que l'émir Mohammed ben-Ghâleb se mit en route pour Outchdah où il s'établit, afin de pouvoir commettre de là des hostilités dans les pays voisins; en effet, sa bande rebelle faisait de fréquentes incursions sur les états du roi de Tlemcen, fondait tantôt sur une population, tantôt sur une autre, au moment où l'on s'y attendait le moins, et, après avoir causé de grands dommages, elle battait en retraite avant que les troupes envoyées contre elles fussent arrivées.

Fatigué de ces hostilités, notre seigneur Al-Motaweckel attendait avec impatience que le sort lui fournît l'occasion de se débarrasser du sujet rebelle. Cette occasion ne tarda pas à se présenter. En effet, comme l'émir Mohammed ben-Ghâleb venait d'arriver dans les montagnes des Beni Ournyd avec des troupes de bandits qui s'étaient réunis sous ses drapeaux, cette nouvelle parvint bientôt à la sublime cour. L'émir des Moslim Al-Motaweckel fit aussitôt marcher contre l'ennemi toutes les troupes de son invincible armée qui se trouvaient alors dans la capitale. Les deux partis s'étant rencontrés dans les montagnes qui viennent d'être désignées, une charge rapide et meurtrière opérée par les troupes du sultan suffit pour disperser et mettre en fuite les cavaliers dont l'émir avait voulu se faire un rempart. Il fut trouvé gisant au milieu des blessés et respirant encore ; mais on se hâta de l'achever, ce qui eut lieu le soir du mardi, 13 schewal de l'année 868. On sépara la tête du corps et on la porta à Tlemcen où elle fut présentée à notre seigneur Al-Motaweckel, dans un plat de cuivre jaune. Ayant mandé les personnes qui avaient connu l'émir, il leur fit examiner la tête et toutes délarèrent en reconnaître l'identité. Le lendemain, arriva le tronc qui fut enseveli avec la tête dans le cimetière de Hubbed.

Béni soit le souverain modérateur, l'Être infiniment sage !

A l'occasion de cet événement, nous avons composé un poème en l'honneur de notre seigneur Al-Motaweckel et de ses augustes fils. (Daigne le Très-Haut jeter sur eux des regards de complaisance !)

Ce poème commence ainsi :

« Je passe les nuits à verser des larmes ; elles
» tombent de mes paupières, telles qu'on voit se
» répandre les perles précieuses d'un collier,
» quand le fil qui les tient captives vient à les
» trahir. »

Nous avons composé à la louange de notre sultan plusieurs autres pièces de poésie que la nature de ce recueil ne nous permet pas de transcrire ici. De même si nous entreprenions de raconter tous les mérites de ce grand prince, de décrire les louables attributs, les qualités glorieuses dont le Très-Haut a bien voulu l'orner ; si nous voulions faire ici le récit de ses hauts faits et de ses batailles, montrer ses vertus éminentes et ses incomparables perfections ; exposer l'excellence de ses mœurs et la bonté de ses inclinations naturelles, cet ouvrage n'aurait plus de fin et nous dépasserions les bornes que nous nous sommes prescrites. Si Dieu nous prête vie et nous accorde le loisir nécessaire, nous nous proposons de présenter dans un ouvrage spécial tout ce qui concerne la personne de notre seigneur Al-Motaweckel (que Dieu élève de plus en plus sa grandeur!), et d'y donner à notre récit le plus grand développement possible.

CHAPITRE XX.

Arbre généalogique de Mouley Abou-Abd'Allah Mohammed Al-Motaweckel.

Il nous semble maintenant à propos de placer sous les yeux du lecteur l'arbre généalogique de notre seigneur Al-Motaweckel. Comme il nous est impossible de le tracer dans toute sa longueur sur la même page, nous en ferons plusieurs arbres dont chacun occupera une page. Le premier arbre remontera de notre seigneur Al-Motaweckel à son ancêtre Yaghrmorâcen, et le second de l'émir des Moslim Yaghrmorâcen à son ancêtre Al-Kassem. Or, nous avons dit précédemment que les diverses familles des Beni Abd' el-Wâdy descendent de ce dernier. Ces familles sont les suivantes : 1° les Beni Wâazen, fils de Masseoud, fils d'Yacrymen, fils d'Al-Kassem ;

2° les Beni Mottehar, fils d'Ymmel; 3° les Beni Moatty, fils de Djauher, fils d'Aly; et 4° les Beni Tâa' Allah, fils d'Aly. C'est à cette dernière famille qu'appartient notre seigneur Al-Motaweckel. Le troisième arbre remonte de l'ancêtre de notre sultan Al-Motaweckel à l'émir des Moslim, notre seigneur Aly, fils d'Abou-Tâleb. Que Dieu honore sa face et soit satisfait de lui!

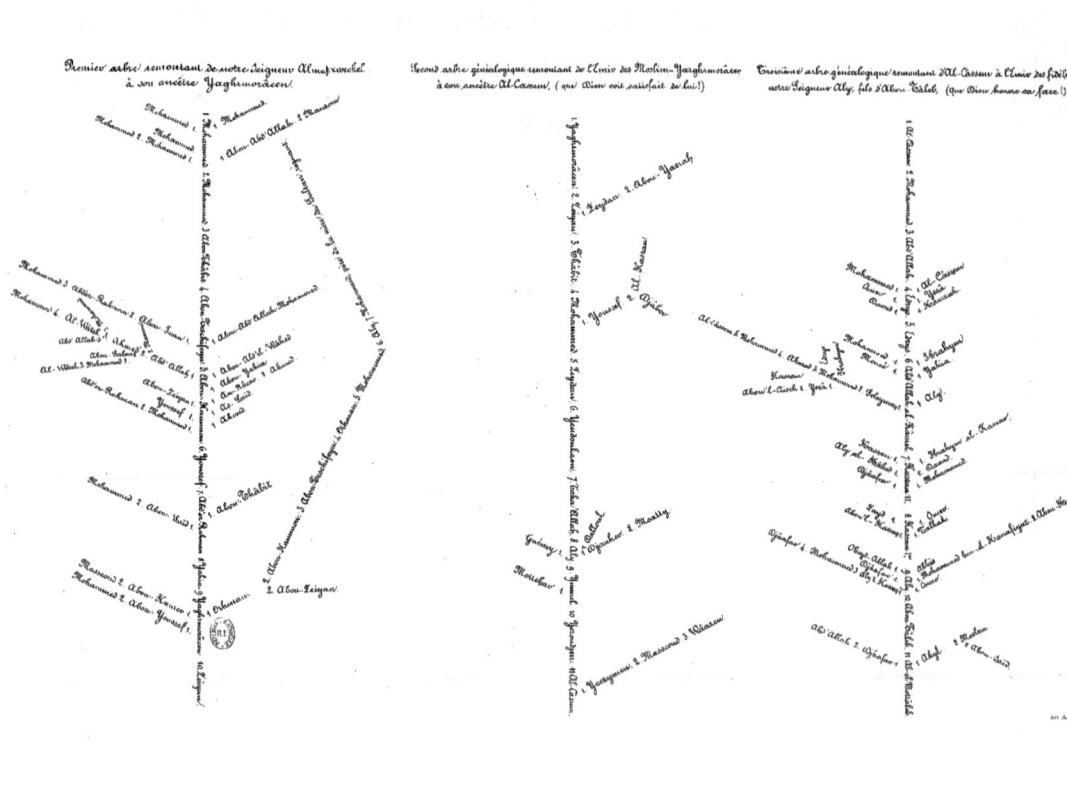

NOTES.

Page 6, ligne 1. *Yaghrmorâcen ben-Zeiyan.* — Suivant Yahia Ibn-Khaldoun (*Histoire des Beni Abd' el-Wâdy*, fol. 13 v°), Yaghrmorâcen était né l'an 603 ou 605 de l'hégire.

P. 6, l. 18. *L'an 637.* — Suivant Yahia Ibn-Khaldoun, Yaghrmorâcen fut proclamé roi immédiatement après la mort de son frère Abou-Ezzah Zeydan, le dimanche 24 de dhou'l-kâadah de l'année 633. (*Histoire des Beni Abd' el-Wâdy*, fol. 15 v°.)

P. 7, l. 19. *Et les avaient jetés en prison.* — Yahia Ibn-Khaldoun, qui raconte le même fait, nous apprend que ce fut dans un édifice du *Château-Vieux* de Tlemcen, le *Pavillon des Oranges*, دار النارنج que furent renfermés les Beni Abd' el-Wâdy. (*Histoire des Beni Abd' el-Wâdy*, fol. 13 r°.)

P. 9, l. 5. *Al-Mamon exigea seulement*, etc. — Comparez *Histoire des Beni Abd' el-Wády*, fol. 13 r°.

P. 12, l. 21. *L'an 645 de l'hégire.* — Suivant l'auteur de l'*Histoire des Berbers* (tom. II, page 112), Abou-Zakaria entreprit cette expédition l'an 639. Yahia Ibn-Khaldoun (*Histoire des Beni Abd' el-Wády*, fol. 13 v°) dit positivement que le prince Hafside arriva sous les murs de Tlemcen le mercredi 29 de moharrem, premier mois de l'année 640. Notre auteur ou son copiste se trompe donc, quand il indique ici l'année 645.

P. 13, l. 15. *Par la porte susdite.* — Abd' er-Rahman Ibn-Khaldoun (*Histoire des Berbers*, tom. II, page 112) et Yahia, son frère (*Histoire des Beni Abd' el-Wády*, fol. 13 v°), disent que ce fut par la *porte de la Montée* باب العقبة que le roi Yaghrmorâcen sortit de la ville.

P. 13, l. 19. *Les montagnes des Beni Ournid.* — Suivant Yahia Ibn-Khaldoun (fol. 13 v°), le roi de Tlemcen se réfugia dans les montagnes de Têza, chez les Beni Ourinnel ; d'autres disent dans les montagnes des Beni Yeznâcen.

P. 13, l. 23. *Qui tous le refusèrent.* — Comparez *Histoire des Berbers*, tom. II, pag. 113 et *Histoire des Beni Abd' el-Wády*, fol. 13 v°.

P. 15, l. 7. *Château de Temzizdict.* — Ce mot est écrit : قلامزدكت Temzizdict dans l'*Histoire des*

Berbers (tom. II, pag. 114) : c'est l'orthographe que nous avons adoptée ; mais nous trouvons تيمزڭجت *Timzegzegt* dans Yahia Ibn-Khaldoun (fol. 13 v°) et قامزيرديت *Temzirdit* dans le Ms n° 703 de la bibl. nat. Les auteurs qui viennent d'être mentionnés placent ce château dans les montagnes, au midi d'Ou-tchdah, non loin de la rivière d'Isly. C'est, sans aucun doute, le château de Temzegzet décrit par Léon l'Africain dans sa *Description de l'Afrique*, liv. IV, fol. 255 v°. Anvers, 1556.

P. 18, l. 6. *Le Koran d'Othman Ben-Affan.* — Comparez *Histoire des Berbers*, tom. II, pag. 115 et 116 et Yahia Ibn-Khaldoun, fol. 113 r°.

P. 19, l. 12. *Ces lames étaient ornées de perles fines, de rubis, d'émeraudes,* etc. — « Parmi ces pierres pré-
» cieuses, dit Abd' el-Wâhed Almarrekoschi (*His-
» toire des Almohades*, Leyde, 1847, pag. 182), la plus
» belle comme la plus grande était un rubis connu
» généralement sous le nom de *sabot*, parce qu'il éga-
» lait en longueur un sabot de cheval et qu'il en avait
» la forme. C'était un objet hors de tout prix. Il avait
» été envoyé en cadeau à Abou-Yâakoub Youssef, fils
» d'Abd' el-Moumen, par un roi de Sicile, en 575 de
» l'hégire, pendant que le sultan se trouvait dans
» l'Yfrikiah. »

Or, Abou-Yâakoub ne crut pas pouvoir faire un plus digne emploi de ce rare bijou que d'en orner le livre qu'il considérait suivant sa religion comme le plus vénérable du monde.

P. 20, l. 16. *Le Mowatta, El-Bokhary, Moslim,* etc. — Le Mowatta est une compilation de maximes et de traditions sur la loi musulmane, dont l'auteur est le célèbre imam Malek Ibn-Ans.

Al-Bokhâry, Moslim, Termedhy, Nicey, Abou-Dawoud et Ibn-Madjah ont compilé chacun un des six grands recueils des traditions musulmanes.

Sur la marche militaire des Almohades et les livres sacrés qu'ils faisaient porter devant eux dans leurs expéditions, on peut consulter le *Moodjib* d'Abd' el-Wâhed Almarrekoschi; Leyde, 1847, page 182.

P. 22, l. 1. *L'on croit communément qu'il a disparu,* etc. — Abd' er-Rahman Ibn-Khaldoun (*Histoire des Berbers*, tom. II, pag. 116) assure que le Koran d'Othman fut enlevé par Abou 'l-Hassan le mérinite, lorsque ce prince se rendit maître de Tlemcen, en 737.

P. 25, l. 3. *Abou-Ishac fut le phénix de son siècle,* etc. — On peut consulter, sur la vie et les ouvrages de ce célèbre personnage, Yahia Ibn-Khaldoun (*Histoire des Beni Abd' el-Wády*, fol. 7 v° de mon Ms) et Al-Makkary (manuscrit de la bibliothèque nationale, tom. II, fol. 103 r°). Abou-Ishak Ibrahim et-Tenéssy mourut dans le courant de l'année 780 de l'hégire.

P. 27, l. 20. *Yaghmorácen mourut à l'âge de 76 ans,* etc. — On trouve dans Abd' er-Rahman Ibn-Khaldoun

(*Histoire des Berbers*, tom. 11, pag. 114 et suivantes) et dans l'Histoire des Beni Abd' el-Wâdy d'Yahia, son frère (fol. 14 v°), le récit circonstancié des exploits, victoires et défaites d'Yaghrmorâcen ben-Zeiyan.

Parmi les événements de ce règne omis par notre historien, il en est un qui, par son importance et sa gravité, mérite d'être cité : c'est Yahia Ibn-Khaldoun qui le rapporte dans son histoire des Beni Abd' el-Wâdy (fol. 14 r°), et nous nous servirons de ses propres paroles :

« Yaghrmorâcen, dit-il, avait à sa solde un escadron
» de deux mille cavaliers chrétiens qu'il avait tirés des
» pays soumis à l'empire des Almohades. Or, le mer-
» credi 25 de rebie second de l'année 652, comme il
» faisait la revue de toutes ses troupes dans l'*Almoniah*,
» en dehors des murs de la capitale, et qu'il passait
» devant les rangs des chrétiens, ceux-ci le trahirent
» et tuèrent son frère Mohammed. Le chef de leurs
» caïds s'étant jeté en même temps sur le roi, l'avait
» saisi par le corps; mais Yaghrmorâcen, plus vigou-
» reux que son adversaire, parvint à se tirer des
» mains de celui-ci; il appela à son secours les gens
» de sa tribu, qui, dégaînant leurs épées, fondirent
» sur les chrétiens, les poursuivirent et en firent un
» tel massacre, qu'il n'en échappa pas un seul. Cet
» événement est la cause pour laquelle les descendants

» et successeurs de ce roi ne veulent plus prendre à
» leur solde des troupes chrétiennes. »

On peut voir ce même fait dans Abd' er-Rahman Ibn-Khaldoun, *Histoire des Berbers*, tom. II, page 119.

P. 28, l. 6. *Abou-Saïd Othman.* — Ce prince était né l'an 639 de l'hégire (*Boghriet er-Rowad*, fol. 14 r°).

P. 29, l. 17. *Ensuite il attaqua les Arabes*, etc. — Voyez le récit complet des conquêtes d'Abou-Saïd Othman dans l'*Histoire des Berbers*, tom. II, pag. 131 et suiv. et le *Boghriet er-Rowad*, fol. 14 r°.

P. 29, l. 24. *Il s'empara de toutes les provinces et places fortes du royaume.* — Voyez *Histoire des Berbers*, tom. II, p. 321.

P. 30, l. 6. *Tlemcen la Neuve.* — Les ruines de Tlemcen la Neuve, plus connue sous le nom de *Mansourah*, existent encore à un quart de lieue environ de Tlemcen. Sur le siége de Tlemcen et les événements dont il fut accompagné, voyez les *Annales regum Mauritaniæ*, Upsaliæ, 1845, p. 267 du texte arabe, et 340 de la traduction, ainsi que l'*Histoire des Berbers*, tom. II, p. 322.

P. 30, l. 9. *Voici ce qui avait donné lieu au courroux*, etc. — Comparez le récit d'Abd' er-Rahman Ibn-Khaldoun (tom. II, p. 134, 135 et 313) et celui de l'auteur du *Boghriet er-Rowad* (fol. 14 v°).

P. 31, l. 2. *Abou-Saïd mourut pendant le siége*, etc.

— Il était âgé de 64 ans quand sa mort arriva, et l'on était à la cinquième année du siége de Tlemcen. Voyez *Histoire des Berbers* (tom. II, p. 136).

P. 32, l. 12. *Et mit fin à ses jours.* — D'après Abd' er-Rahman Ibn-Khaldoun (*Histoire des Berbers*, tom. II, p. 140) et Yahia, son frère (*Histoire des Beni Abd' el-Wâdy*, fol. 15 r°), Abou-Zeiyan mourut l'an 707, après un règne de quatre ans, à l'âge de quarante-huit ans, c'est-à-dire quatre ans après la levée du siége. Il paraît également, par le récit de l'auteur du Kartas (*Annales regum Mauritaniæ*, p. 341 et suiv.), qu'Abou-Zeiyan survécut à la levée du siége par Abou-Thâbit Amer, successeur d'Abou-Yâakoub.

P. 33, l. 3. *Très-heureux, très-fortuné.* — Litt. *marqué au front d'une étoile heureuse et doué d'un front très-fortuné.*

P. 33, l. 8. *Abou-Hammou Moucé,* etc. — Si nous en croyons le témoignage des deux historiens, Abd' er-Rahman et Yahia Ibn-Khaldoun, Abou-Hammou fut proclamé seulement à la fin de l'année 707.

P. 36, l. 3. *Il lui plongea un couteau dans le ventre.* — Voyez *Histoire des Berbers*, tom. II, p. 341.

P. 36, l. 24. *Délivrés de leurs maux.* — Yahia Ibn-Khaldoun (*Boghriet er-Rowad*, fol. 15 r°) assure qu'il périt environ cent mille hommes dans ce siége.

P. 37, l. 3. *Le huitième d'un dinar.* — Comparez le

récit d'Abd' er-Rahman Ibn-Khaldoun (*Histoire des Berbers*, tom. II, p. 137 et suiv.).

P. 37, l. 12. *Mais suivant l'auteur du* Boghriet er-Rowad, etc. — C'est aussi l'opinion d'Abd' er-Rahman Ibn-Khaldoun (*Loco citato*, p. 140).

P. 38, l. 6. *Remplissant fidèlement*, etc. — Comparez *Histoire des Berbers*, tom. II, p. 342 et suiv.

P. 39, l. 1. *Et humilia les Mellikesch*. — Ces expéditions eurent lieu dans le courant des années 710 et 712. Comparez *Histoire des Berbers*, tom. II, p. 142 et 369 et suiv., et le *Boghriet er-Rowad*, fol. 14 r°.

P. 39, l. 8. *Et s'était réfugié à Tlemcen*. — Voyez *Histoire des Berbers*, tom. II, p. 147.

P. 40, l. 5. *Soumettre le pays des Almohades*, etc. — Comparez *Histoire des Berbers*, tom II, p. 370.

P. 40, l. 10. — *El-Ghrozzi*, c'est-à-dire le Curde.

P. 40, l. 17. *Montagne qui domine Constantine*. — Cette montagne portait le nom de *Djebel ben-Thâbit* (*Histoire des Berbers*, tom. II, p. 148 et 149.)

P. 41, l. 22. *Fut la source de tous les malheurs*, etc. — Voyez *Histoire des Berbers*, tom. II, p. 149 et 150, et le *Boghriet er-Rowad*, fol. 15 r° et v°.

P. 43, l. 1. *Les Beni Melahh*. — C'était une famille originaire de Cordoue où elle exerçait la profession de monnayeurs et d'orfèvres. Les Beni Melahh étant venus s'établir à Tlemcen, ils se firent remarquer dans leur état par l'amour du travail, leur religion et leur piété. Cette conduite leur valut la faveur du sultan Abou-Hammou qui leur donna des places de confiance dans sa maison et les éleva ensuite à la dignité de chambellans ou de maîtres des cérémonies, de visirs et d'intendants de la maison royale. Voyez *Histoire des Berbers* (tom. p. 152) et *Boghriet er-Rowad*, fol. 15 r°.

P. 43, l. 5. *Ils se mirent en devoir de massacrer.* — *Boghriet er-Rowad*, fol. 15 v°, et *Histoire des Berbers*, tom. II, p. 152 et suiv.

P. 43, l. 14. *Abou-Zéid et Abou-Moucé, fils de l'Imam.* — Sur la vie de ces deux illustres savants on peut consulter Abd' er-Rahman Ibn-Khaldoun (*Histoire des Berbers*, tom. II, p. 144); Al-Makkary (Ms de la bibl. nat. n° 758, fol. 63 v°) et Yahia Ibn-Khaldoun (*Boghriet er-Rowad*, fol. 10 v°). L'on voit encore aujourd'hui à Tlemcen les ruines du *collége des Beni el-Imam*, ou fils de l'Imam, dans la partie occidentale de la ville, non loin du nouveau mur d'enceinte.

P. 45, l. 7. *Abou-Teschifeyn.* — Ce prince était né l'an 692 de l'hégire. Il fut proclamé le jeudi 23 de djomâda 1er de l'an 718, dans l'hippodrome, en dehors de la porte Kachoutah (*Boghriet er-Rowad*, fol. 15 v°).

P. 47, l. 15. *A son goût pour les édifices somptueux.* — Une note marginale qui se trouve dans le *Boghriet er-Rowad* (fol. 15 v°) nous apprend que ce fut le roi Abou-Teschifeyn qui fit construire le minaret de la grande mosquée d'Alger. Ce monument fut commencé le dimanche 17 de dhou'l kâadah de l'année 722 et achevé le 1er de redjeb de l'année suivante. Cela résulte d'une inscription en marbre encastrée dans le mur de ce minaret à droite en entrant.

P. 47, l. 23. *Abou-Moucé Himran el-Meschdâly.* — Dans le *Boghriet er-Rowad* (fol. 10 v°), Yahia Ibn-Khaldoun donne une courte notice sur la vie et les ouvrages d'El-Meschdâly, qui mourut l'an 745.

P. 51, l. 1. *Celui-ci fonda dans cet endroit la cité de Temzizdict.* — Comp. *Boghriet er-Rowad*, fol. 16 r°, et *Histoire des Berbers*, tom. II, p. 154.

P. 51, l. 6. *Les Almohades virent ainsi*, etc. — Comparez *Histoire des Berbers*, tom. II, p. 155, et *Boghriet er-Rowad*, fol. 16 r°.

P. 51, l. 10 *El Goumy*. — Dans l'*Histoire des Berbers*, tom. II, p. 157, on lit : السنوسي *Es-Senoussy*, c'est-à-dire membre de la tribu des Beni Snous, fraction des Beni Goumi ou Goumyah.

P. 51, l. 23. *Le gouvernement de la ville*, etc. — Comparez *Histoire des Berbers*, tom. II, p. 257, et *Boghriet er-Rowad*, fol. 16 r°. Ces événements eurent lieu dans le courant de l'année 726.

P. 53, l. 2. *Et la ruina de fond en comble.* — Cet événement arriva l'année 732 de l'hégire.

P. 53, l. 17. *Mais à la fin ils furent accablés par le nombre*, etc. — Comparez *Histoire des Berbers*,

t. II, p. 158, 378, et *Boghriet er-Rowad,* fol. 16 v°.

P. 58, l. 4. *Les deux émirs l'accompagnèrent,* etc. — Cela arriva l'année 748. Voyez *Histoire des Berbers,* tom. II, p. 415.

P. 59, l. 8. *Arrivés à Chelif, ils se promirent avec serment,* etc. — Comparez *Histoire des Berbers*, tom. II, p. 415.

P. 59, l. 24. *Le sultan Abou-Saïd entra dans la capitale,* etc.— Comparez *Boghriet er-Rowad,* fol. 17 r°, et *Histoire des Berbers,* tom. II, p. 167 et 416.

P. 61, l. 24. *Dans un endroit appelé Tighrzyren.* — Tighrzyren se trouvait dans le voisinage du Chelif.

P. 62, l. 5. *Et à déterminer sa défaite.* — Cette bataille eut lieu le mercredi 10 de schâaban, l'an 751 de l'hégire.

P. 62, l. 14. *Ayant débouché sur le territoire de Sedjelmessah,* etc.— Comparez Abd'er-Rahman Ibn-Khaldoun, *Histoire des Berbers,* tom. II, p. 173, 174, 175, et le *Boghriet er-Rowad,* fol. 18 r°.

P. 62, l. 23. *Sur la montagne qui domine la ville de Tenez.* — Yahia Ibn-Khaldoun (*Boghriet er-Rowad,* fol. 18 v°) donne le nom de Adjarouâou au château où les Maghrawah s'étaient retranchés.

P. 63, l. 8. *Après cela, l'émir Abou-Thâbit,* etc. — Comparez *Boghriet er-Rowad,* fol. 18 r°, et *Histoire des Berbers,* tom. II, p. 175, 176.

P. 64, l. 9. *Le sultan Abou-Saïd étant tombé,* etc.

— Voyez *Histoire des Berbers*, tom. II, p. 177, 426, et *Boghriet er-Rowad*, fol. 18 v°.

P. 65, l. 11. *Dans le chapitre deuxième de ce livre.*
— On lit dans l'endroit cité par l'auteur, page 7 de notre manuscrit : « Lorsque le sultan Abou-Inan le mérinite se fut emparé de Tlemcen, après la bataille où avait péri Abou-Saïd, fils d'Abd' er-Rahman, fils d'Yahia, fils d'Yaghrmorâcen, le frère de ce dernier, le sultan Abou-Thâbit, s'enfuit du côté de l'orient avec son neveu Mouley Abou-Hammou Moucé, fils d'Youssef, l'un des aïeux du prince actuel des croyants, et son visir Yahia ben-Daoud. Dans la crainte d'être reconnus dans leur fuite, ils avaient pris des habits de travestissement. Mais, arrivés sur le territoire de Bougie, ils furent pris par les espions que le gouverneur de cette ville avait envoyés à leur recherche. On leur demanda quel était celui des trois prisonniers qui était le sultan Abou-Thâbit. Mouley Abou-Hammou s'avançant : « C'est moi, dit-il aux espions. Maintenant, ajouta-t-il, que vous tenez celui que vous cherchiez, donnez la liberté à mes deux compagnons. » Il voulait parler de son oncle et de son visir. C'est ainsi que, pour sauver la vie à son oncle, il n'hésita pas à exposer la sienne, car il savait bien qu'on ne cherchait le sultan que pour lui faire un mauvais parti. Bientôt après, il survint des hommes qui, connaissant la personne d'Abou-Thâbit, signalèrent aux

espions le véritable sultan. Celui-ci fut alors accablé d'injures et de reproches, après quoi on lui demanda qui était donc celui qui avait voulu se livrer à sa place. Le sultan, dissimulant la condition de son neveu, répondit : « C'est un des intendants de nos biens ; je vous en conjure, relaxez-le; car, en m'arrêtant, vous avez atteint le but de votre mission. » Sur cela, les espions laissèrent le chemin libre à Abou-Hammou Moucé qui échappa ainsi heureusement au danger, parce que Dieu l'avait destiné au trône des khalifes, lui et sa postérité. Le sultan Abou-Thâbit et son visir furent chargés de chaînes, transportés à Bougie sur des bêtes de somme, et quelque temps après mis à mort (que Dieu leur fasse miséricorde!), comme nous le raconterons plus loin. (Comparez *Histoire des Berbers*, tom. II, p. 427 et 446.)

P. 65, l. 19. *Le sultan ordonna ensuite,* etc.—Comparez *Histoire des Berbers*, p. 427 et suiv.

P. 66, l. 25. *La conquête du pays des Ouled Aryf.* — Les Ouled Aryf étaient les chefs de la tribu des Beni Soueid.

P. 67, l. 8. *Elle fut bientôt après suivie de la nouvelle de la mort d'Abou-Inan.* — Sur le règne d'Abou-Inan, on peut consulter, outre l'*Histoire des Berbers* (tom. II, p. 77, 78, 424 et suiv.), l'autobiographie d'Abd' er-Rahman Ibn-Khaldoun lui-même, traduite en français par M. Mac-Guckin de Slane (*Journal*

Asiatique, cahier de janvier-février 1844, p. 45 et suiv.). Abd' er-Rahman Ibn-Khaldoun, qui a été mêlé à la plupart des événements politiques de cette époque, avait été pendant quelque temps secrétaire particulier de ce sultan.

P. 67, l. 16. *Les bords de l'Oued-Mekerrah.* — L'Oued-Mekerrah est un des affluents du Sig.

P. 68, l. 6. *Celui ci fit son entrée dans la capitale,* etc. — Voyez *Histoire des Berbers*, tom. II, p. 180, 446 et 447.

P 69, l. 1. *Abou-Hammou Moucé.* — Ce prince eut l'honneur d'avoir pendant quelque temps le célèbre historien Abd' er-Rahman Ibn Khaldoun pour premier ministre, et pour secrétaire, le frère cadet de celui-ci, Yahia Ibn-Khaldoun, auteur du *Boghriet er-Rowad*, ou *Histoire des Beni Abd' el-Wády*. Voyez *Journal Asiatique*, cahier de mars 1844, p. 194 et cahier d'avril de la même année, p. 296.

P. 71, l. 7. *Cela dura jusqu'à ce qu'il arrivât à chacun d'eux*, etc. — Voyez *Histoire des Berbers*, tom. II, p. 168, 169 et 446, et *Boghriet er-Rowad*, fol. 20 v°.

P. 71, l. 21. *Les charmants écrits en prose auxquels il donna le jour et les excellents poèmes*, etc. — Casiri dit en parlant de ce prince : *Abu Hamu Musa ben joseph Tremiseni Rex, Granatæ natus est ineunte egiræ 721. Vir invictæ fortitudinis, litterisque non medio-*

criter eruditus, utpote qui regum historiam conscripsit et plura condidit carmina quorum specimen cum ejus vita refert in sua bibliotheca hispana Ebn Al-Khathibus. Voyez biblioth. arabico-hispana, tom. II, nota, p. 233.

P. 72, l. 21. *Chapelet de perles ou livre dans lequel,* etc. — Le titre arabe est : نظم السلوك في سيان الملوك

P. 73, l. 22. *La merveilleuse horloge qui décorait le palais du roi de Tlemcen.* — L'auteur du *Boghriet er-Rowad* (fol. 24 r°) donne également la description de cette merveilleuse horloge, et il rapporte les petites pièces de vers qu'il avait composées lui-même pour indiquer les différentes heures de la nuit. Nous aurons occasion de parler ailleurs de cette pièce curieuse de mécanique.

P. 78, l. 4. *Quant à ses campagnes contre les Arabes* etc. — Dans le *Boghriet er-Rowad*, Yahia Ibn-Khaldoun donne les renseignements les plus complets sur le règne d'Abou-Hammou Moucé jusqu'à l'année 777, époque où son histoire s'arrête. On peut aussi consulter sur l'histoire de ce règne Abd' er-Rahman Ibn-Khaldoun (*Histoire des Berbers* depuis l'année 178e jusqu'à la 278e, p. 446 et suiv.) et son autobiographie traduite en français par M. de Slane (*Journal Asiatique*, cahier de mars et d'avril 1844.).

P. 79, l. 1. *Abou-Abd' Allah-Mohammed*, etc. — On

trouve dans le *Boghriet er-Rowad* (fol. 8 v°) la biographie de ce savant personnage.

P. 79, l. 20. *Son père Abou-Yâacoub*, etc. — Comp. *Boghriet er-Rowad*, fol. 38 r°.

P. 80, l. 8. *Pour rendre hommage à la science*, etc. Comp. *Boghriet-er-Rowad*, fol. 45 r°.

P. 81, l. 7. *Mais ayant débarqué à Bougie*, etc. — Ce fut un capitaine catalan et chrétien qui se chargea de transporter Abou-Hammou jusqu'à Alexandrie, mais arrivé devant Bougie, le roi parvint à obtenir du capitaine de navire qu'il le descendît à terre (*Histoire des Berbers*, tom. II, p. 215.).

P. 82, l. 5. *Cet événement, qui eut lieu*, etc. — Comp. *Histoire des Berbers*, tom. II, p. 217, 218 et l'auteur anonyme de l'histoire des Hafsides, année 791.

P. 84, l. 1. *Notre seigneur Abou-Teschifeyn*, etc. — Le prince Abou-Teschifeyn Abd' er-Rahman avait fait assassiner, en 780, Yahia Ibn-Khaldoun, l'auteur de l'histoire des Beni Abd' el-Wâdy; de plus il avait ravi le trône à son père qu'il retint longtemps dans les fers; il avait guerroyé contre ses frères et même fait périr l'un d'eux appelé Omair. Voy. *Histoire des Berbers*, tom. II, p. 212 et suiv. jusqu'à la page 219.

P. 84, l. 10. *Les montagnes sauvages du Zan*. — Les montagnes du Zan étaient situées dans la contrée habitée par les Zouawah, à l'est et au sud de Tedellès ou Dellys.

P. 85, l. 5. *L'année où Abou-Hammou se rendit maître de Tlemcen*, etc. — Voyez sur ces événements Abd' er-Rahman Ibn-Khaldoun (*Histoire des Berbers*, p. 180 et 181).

P. 87, l. 10. *Telle fut la conduite de ce prince*, etc. Comp. *Histoire des Berbers*, tom. II, p. 208 et *Boghriet er-Rowad*, fol. 54 et suiv.

P. 90, l. 14. *Abou-Teschifeyn termina sa glorieuse carrière*, etc. — Suivant l'auteur de l'histoire des Berbers (t. II, p. 219), la mort d'Abou-Teschifeyn arriva dans le courant du mois de ramadhan, l'année 795.

P. 94, l. 1. *Mouley-Abou'l-Hedjjadj-Youssef*, etc. — L'auteur anonyme de l'histoire des Hafsides dit : « Youssef, son frère (d'Abou-Teschifeyn), régna en- » viron un an dans la capitale; après cela, son frère » Abou-Zeiyan étant venu l'attaquer dans son palais, » le déposa et prit à sa place les rênes du gouverne- » ment. Comme celui-ci s'était réfugié chez les Beni » Hâmer, Abou-Zeiyan expédia secrètement quelqu'un » qui lui arracha la vie. »

P. 94, l. 3. *Ce noble prince s'avança*, etc. — Abd' er-Rahman Ibn-Khaldoun ne fait pas mention du règne d'Abou'l-Hedjjadj-Youssef, ni de celui d'Abou-Thâbit, son prédécesseur, sans doute à cause du peu de temps que ces princes sont restés sur le trône.

P. 97, l. 1. *On prêta ensuite serment*, etc. — Comp. Abd' er-Rahman Ibn-Khaldoun (*Histoire des Berbers*, tom. II, p. 451). Les renseignements que fournit cet auteur sur l'histoire des Beni Abd' el-Wâdy s'arrêtent au commencement du règne de Mouley Abou-Zeiyan, c'est-à-dire à l'année 786 de l'hégire.

P. 97, l. 16. *C'est qu'il avait passé sa jeunesse*, etc.— C'est à la cour de son père et aussi pendant sa longue captivité à Fez, que ce prince s'était adonné à l'étude des lettres et avait acquis un haut degré de savoir.

P. 99, l. 1. *Auquel il donna le titre de*, etc. — Le titre arabe de cet ouvrage est : كتاب الاشارة في حكم لعقل بين النفس المطمئنة والنفس الامارة.

P. 112, l. 2. *Envoyèrent contre lui son frère, le prince, Abd' el-Wâhed*, etc. Dans l'auteur anonyme de l'histoire des Hafsides, on lit ce qui suit : « Dans le
» courant de l'année 816, l'émir Abou-Mohammed
» Abd' el-Wâhed leva l'étendard de la révolte contre
» son frère le sultan, seigneur de Tlemcen, Es-Saïd,
» fils du sultan Abou-Hammou le Zeiyanide, et s'ins-
» talla avec son armée chez les Arabes du royaume.
» Le sultan Es-Saïd marcha contre lui et alla l'assié-
» ger dans la montagne où il avait établi ses retran-
» chements. Or, l'émir Abd' el-Wâhed avait une sœur
» à Tlemcen qui forma un complot avec quelques of-
» ficiers de la garnison et leur distribua de l'argent
» pour qu'ils donnassent le trône à son frère. Ceux-ci
» envoyèrent donc dire secrètement à l'émir de venir
» pendant la nuit, ce qu'il fit. Il entra dans la ville avec

» le monde qui l'accompagnait, par une lucarne prati-
» quée dans le mur d'enceinte et il se rendit maître
» de Tlemcen. Lorsque cette nouvelle parvint au camp
» d'Es-Saïd, son armée le trahit et embrassa le parti
» de son frère rebelle, l'émir Abd' el-Wâhed. »

P. 117, l. 5. *Abd' el-Wâhed forcé de quitter sa capitale*, etc. Voici comment l'auteur anonyme de l'histoire des Hafsides raconte cet événement. « Le sultan,
» dit-il, exerça le souverain pouvoir et fit son séjour
» dans Tlemcen jusqu'à l'époque où cette capitale lui
» fût enlevée par le sultan Abou-Fârès Abd' el-Azyz le
» Hafside. Voici à quelle occasion : ayant été informé
» que le seigneur de Tlemcen, le sultan Abd' el-Wâ-
» hed faisait un mauvais emploi des biens de l'État et
» des deniers publics, il lui adressa une lettre dans la-
» quelle il l'exhortait au bien et le menaçait du châti-
» ment de Dieu. Abd' el-Wâhed ne fit aucun cas de
» ces salutaires avis et persista dans sa mauvaise con-
» duite. Alors le sultan de Tunis marcha contre lui à
» la tête d'une armée qui comptait plus de cinquante
» mille combattants, et qui était munie d'une quantité
» incroyable d'armes, de bagages, de machines de
» guerre et de catapultes. Lorsqu'il fut arrivé sur le
» territoire de Tlemcen, l'émir Abd' el-Wâhed équipa
» des troupes dont il donna le commandement à son
» fils et il les fit marcher à la rencontre du sultan
» Abou-Fârès. Ils ne tardèrent pas à rencontrer l'avant-

» garde de l'armée du sultan. Les deux partis livrè-
» rent aussitôt bataille; le combat dura une grande
» partie de la journée; à la fin les troupes d'Abd' el-
» Wâhed furent mises en déroute et s'enfuirent vers
» Tlemcen. Celui-ci, voyant l'impossibilité de se défen-
» dre dans sa capitale, prit le parti de se réfugier dans
» les montagnes. A l'approche du sultan Abou-Fârès,
» les habitants allant au devant de lui le reconnurent
» pour souverain et se soumirent à lui. Il fit son entrée
» dans la casbah de la capitale le 13 de djomâda
» second de l'année susdite (827). Ensuite il donna le
» commandement de la ville à l'émir Abou-Abd'Allah,
» lui recommandant de craindre Dieu le Très-Haut et
» enjoignant aux habitants de la ville de n'obéir qu'au
» souverain qu'il venait de leur donner Puis il conti-
» nua sa marche et s'avança du côté de Fez, mais
» lorsqu'il fut arrivé à deux journées de distance de cette
» ville, il reçut de la part du roi mérinite des présents
» et une lettre dans laquelle celui-ci lui disait : Fez est
» à vous et notre empire vous appartient; si vous dai-
» gnez nous continuer votre protection, nous en serons
» très-heureux et très-flattés. Après cela, le prince mé-
» rinite rappelait au sultan de Tunis l'amitié qui avait
» toujours régné entre leurs ancêtres. Le sultan haf-
» side voulut bien agréer les présents qu'on lui offrait;
» il en envoya de son côté au sultan de Fez; après
» quoi il rebroussa chemin, victorieux et triomphant. »

Voyez aussi *Histoire de l'Afrique de Mohammed ben-Abi el-Raïni el-Kaïrwani*, traduite de l'arabe par MM. Pellissier et Remusat. Paris, 1845, p. 258 et 259.

P. 126, l. 6. *Après cela, le sultan Abou-Fârès*, etc. — L'auteur anonyme de l'histoire des sultans hafsides raconte les faits de la manière suivante :

« Ensuite le sultan Abou-Fârès, ayant appris que
» le seigneur de Tlemcen, l'émir Abou-Abd' Allah-
» Mohammed, fils de l'émir Abou-Teschifeyn, ve-
» nait de se déclarer indépendant, il expédia contre
» lui une armée sous le commandement de Dja'al
» Khair, caïd de Constantine, et il le fit accompa-
» gner de l'émir Abd' el-Wâhed, jadis seigneur
» de Tlemcen, qui s'était enfui de sa capitale,
» mais qui en dernier lieu était venu se mettre sous
» sa protection. Lorsqu'ils furent près de Tlemcen,
» l'émir Mohammed s'avança contre eux et les mit en
» déroute. Abd' el-Wâhed, qui s'était réfugié dans les
» montagnes, revint bientôt sur ses pas avec un corps
» d'armée composé d'Arabes nomades qu'il avait re-
» crutés, et parvint à se rendre maître de Tlemcen d'où
» il envoya des ambassadeurs au khalife Abou-Fârès
» pour lui faire hommage et reconnaître sa suzerai-
» neté. Cependant l'émir Mohammed s'était enfui et
» était allé chercher un refuge dans les montagnes.
» Ensuite le sultan fut instruit que l'émir Mohammed,

» fils d'Abou-Teschifeyn, avait attaqué son oncle Abd'
» el-Wâhed dans son propre palais et qu'après l'avoir
» tué, il s'était emparé de la ville ; cela le décida à
» marcher une seconde fois sur Tlemcen, ville devant
» laquelle il mit le siége. L'émir Mohammed parvint à
» s'échapper de la place assiégée et alla chercher un
» refuge dans les montagnes des Beni Yeznâcen. Le
» khalife rentra alors dans Tlemcen d'où il envoya le
» caïd Nabyl Abou-Kouttayah assiéger Mohammed
» dans le château où il s'était renfermé. Les Beni
» Yeznâcen finirent par le livrer au caïd qui l'amena
» au khalife. Celui-ci lui épargna la vie, se contentant
» de le jeter dans les fers. Après cela, ayant donné le
» gouvernement de la ville au caïd Ridhouan, il par-
» tit ; mais après quelques journées de marche, il fit
» de nouvelles réflexions et au bout de quelque temps
» il se décida à nommer gouverneur de la ville l'émir
» Abou'l-Abbès-Ahmed, fils du sultan Abou-Ham-
» mou ; enfin il retourna à Tunis où il mena l'émir
» Mohammed, fils d'Abou-Teschifeyn, lequel resta
» renfermé dans une prison jusqu'à sa mort, qui arriva
» l'année 840. »

P. 134, l. 5. *Puis de celui des Hawârah*. — Les Hawârah étaient une tribu berbère établie au sud d'Al-
Médéah. Il est probable que c'est là peuplade désignée
sous le nom de *Bauares* dans une inscription monu-
mentale découverte dans les ruines de l'ancienne *Auzia*

aujourd'hui *Sour Ghozlan* ou *Aumale*. Voyez *Notice sur les traces de l'occupation romaine dans la province d'Alger* par **M.** de Caussade. Orléans, 1851, p. 56.

P. 137, l. 22. *Qu'Aly, fils d'Abou-Thâlib et Al-Amyn,* etc. — A la marge du manuscrit on lit : « *Et-Hassan,* » fils d'Aly, fils d'Abou-Tâleb (que Dieu soit satisfait » de lui !), dont la mère était Fatimah, fille de l'En- » voyé de Dieu (que Dieu la salue et la bénisse !). » L'auteur de cette note a raison si l'on compte Hassan parmi les khalifes, les historiens n'étant pas d'accord sur ce point. Quant à Mohammed Al-Amyn, fils de Haroun Ar-Raschyd, sixième khalife de la maison des Abbassides; il était petit-fils, par sa mère Zobeydah, de Djâafar, fils d'Almansor-Abou-Djâafar, deuxième khalife abbasside. L'historien Abou-Djâafar At-Tabary et son abréviateur Al-Makyn disent en propres termes qu'il n'y a point eu de khalifes hâschémites de père et de mère, autres qu'Aly, fils d'Abou-Tâleb, son fils Al-Hassan et Mohammed Al-Amyn, fils de Zobeydah. Voyez Al-Makyn, *Histoire des Khalifes*, règne d'Aly et d'Al-Amyn.

P. 145, l. 3. *Nous avons composé un poème en l'honneur de*, etc. — Quatre fils du sultan Al-Motaweckel sont nommés dans le cours de ce poème, savoir : Teschifeyn, Abou-Hammou, Yaghrmor et Abou-Abd' Allah. Le nom *Teschifeyn* présente la lettre *schin* affectée du *kesrah* et la syllabe *feyn* avec la terminaison *eyni* du duel. Cette orthographe est d'ailleurs confirmée par l'adjectif qui s'accorde avec ce nom et qui est écrit comme l'exige du reste le mètre du vers: *Ar-Rah-icyni.* بِالنَّاشِعَيْنِ الرَّصِينَيْنِ

Troisième arbre généalogique, n° 7. — Hassan II est appelé aussi *Hohammed* par l'auteur du *Cartas*, et Yahia Ibn-Khaldoun dans son *Histoire des Beni Abd' el-Wády*, fol. 20 v°.

Troisième arbre généalogique, n° 8. — Au lieu de *Hassan*, on lit *Hosseyn* dans mon Mss. C'est une leçon évidemment fautive, car il est certain que les Edrissites descendaient d'Aly par son fils Hassan et non par Hosseyn. Du reste, notre auteur dit positivement, page 48 de mon Mss, que Hassan fils d'Aly eut cinq enfants mâles, savoir : Hassan Al-Mothanna ou II, Zeyd, Omer, Talhah et Hosseyn Al-Athrem, et que le sultan Al-Motaweckel descendait en ligne directe de Hassan II (Al-Mothanna).

FIN.

TABLE DES MATIÈRES

Préface du traducteur.	VII
Préface de l'auteur.	1
CHAPITRE Ier. Règne de l'émir des Moslim, Yaghrmoràcen ben-Zeiyan, premier roi de Tlemcen.	5
CHAP. II. Règne d'Abou-Saïd Othman, fils d'Yaghrmoràcen.	28
CHAP. III. Règne d'Abou-Zeiyan Mohammed.	32
CHAP. IV. Règne du sultan Abou-Hammou Moucé Ier.	33
CHAP. V. Règne du sultan Abou-Teschifeyn.	55
CHAP. VI. Occupation du royaume de Tlemcen par les Mérinites, sa restauration, et commencement de la dynastie de la branche cadette. Règne des deux sultans Abou-Saïd Othman et Abou-Thàbit ez-Zaïm.	57
CHAP. VII. Règne du sultan Abou-Hammou Moucé II.	69
CHAP. VIII. Règne du sultan Abou-Teschifeyn Abd' er-Rahman.	83
CHAP. IX. Règne du sultan Abou-Thàbit Youssef.	92
CHAP. X. Règne du sultan Abou'l-Hedjjadj Youssef.	94
CHAP. XI. Règne du sultan Mouley Abou-Zeiyan.	97
CHAP. XII. Règne du sultan Abou-Mohamed Abd' Allah.	102
CHAP. XIII. Règne du sultan Mouley Abou-Abd'Allah Mohammed, fils de Mouley Abou-Hammou II.	105

Chap. XIV. Règne de Mouley Abd' er-Rahman, fils de Mouley Abou-Abd' Allah-Mohammed. 10

Chap. XV. Règne de Mouley es-Saïd, fils du sultan Abou-Hammou Moucé II. 11

Chap. XVI. Règne de Mouley Abou-Màlek Abd' el-Wàhed. 11

Chap. XVII. Règne de Mouley Abou-Abd' Allah Mohammed, fils de Mouley Abou-Teschifeyn. 11

Chap. XVIII. Règne de Mouley Abou-'l-Abbès Ahmed. 12

Chap. XIX. Règne de Mouley Abou-Abd' Allah-Mohammed Al-Motaweckel-àl-Allah. 13

Chap. XX. Arbre généalogique de Mouley Abou-Abd' Allah-Mohammed Al-Motaweckel. 14

Notes et remarques. 14

www.ingramcontent.com/pod-product-compliance
Lightning Source LLC
Chambersburg PA
CBHW062019180426
43200CB00029B/1922